Sociedade sem lei

Rubens R R Casara

Sociedade sem lei
Pós-democracia, personalidade autoritária, idiotização e barbárie

1ª edição

CIVILIZAÇÃO BRASILEIRA

Rio de Janeiro
2018

Copyright © Rubens R R Casara, 2018

Capa: Anderson Junqueira
Foto de capa: jjpoole / PPAMPicture / iStock

CIP-BRASIL. CATALOGAÇÃO NA PUBLICAÇÃO
SINDICATO NACIONAL DOS EDITORES DE LIVROS, RJ

C33s Casara, Rubens R R
Sociedade sem lei: pós-democracia, personalidade autoritária, idiotização e barbárie / Rubens R R Casara. – 1ª ed. – Rio de Janeiro: Civilização Brasileira, 2018.
176 p.; 21 cm.

Inclui bibliografia
ISBN 978-85-200-1378-6

1. Brasil – Política e governo. 2. Brasil – Política econômica. 3. Neoliberalismo. 4. Direitos fundamentais – Brasil. I. Título.

18-52870

CDD: 320.981
CDU: 32(81)

Leandra Felix da Cruz – Bibliotecária – CRB-7/6135

Todos os direitos reservados. É proibido reproduzir, armazenar ou transmitir partes deste livro, através de quaisquer meios, sem prévia autorização por escrito.

Texto revisado segundo o novo Acordo Ortográfico da Língua Portuguesa.

Direitos desta edição adquiridos pela
EDITORA CIVILIZAÇÃO BRASILEIRA
Um selo da
EDITORA JOSÉ OLYMPIO LTDA.
Rua Argentina, 171 – Rio de Janeiro, RJ – 20921-380 –
Tel.: (21) 2585-2000.

Seja um leitor preferencial Record.
Cadastre-se no site www.record.com.br e receba informações sobre nossos lançamentos e nossas promoções.

Atendimento e venda direta ao leitor:
mdireto@record.com.br ou (21) 2585-2002.

Impresso no Brasil
2018

Para Mac, Malu e Marcia

Sumário

1. O retorno da barbárie — 9
2. A dessimbolização do mundo — 25
3. O pai é(ra) o limite — 49
4. Os detentores do poder econômico: as elites também brigam — 61
5. Sociedade pós-democrática: economia, religião, família, escola e idiotização — 73
6. Empobrecimento subjetivo — 89
7. Educação contra Auschwitz — 99
8. A personalidade autoritária em tempos de neoliberalismo — 117
9. Fascismo e pós-democracia — 131
10. Ainda o fascismo (com Marcia Tiburi) — 137
11. Levar a segurança da sociedade (e a democracia) a sério — 145
12. A nova obscuridade — 149
13. Há esperança — 159

   Referências bibliográficas — 171

1. O retorno da barbárie

O pesadelo nazista não foi suficiente. Com o fim da Segunda Guerra Mundial, deu-se a promessa de impedir o retorno da barbárie. Nada, pensava-se então, justifica o extermínio planificado de pessoas, o afastamento dos direitos necessários à vida digna e a demonização dos inimigos políticos. Nada, dizia-se então, autoriza o afastamento da dignidade da pessoa humana. Retornava-se a Immanuel Kant para afirmar, mais uma vez, que uma pessoa não poderia ser transformada em objeto, que nunca mais um indivíduo poderia ser instrumentalizado para qualquer fim. A ilusão com a promessa de um futuro de respeito à dignidade humana e aos demais limites democráticos durou pouco.

O tipo ideal *Estado Democrático de Direito*, forma jurídica do Estado que é fruto da reflexão do pós-

-guerra, prometia impor obstáculos intransponíveis ao arbítrio e ao exercício do poder – de qualquer poder. Não funcionou. Os limites legais (e democráticos) ao exercício do poder – e o principal deles era formado pelo conjunto de direitos e garantias fundamentais – foram aos poucos abandonados pelos aplicadores da lei. Desconsiderados pelos agentes públicos e pelo cidadão.

Poder, conceitualmente, é a possibilidade de produzir efeitos, inclusive sobre o corpo do outro. Cada pessoa exerce poder em certa medida, pois, ao ser lançado na linguagem, algo do poder se incorpora a cada um. Não por acaso, a criança acredita não ter limites ao seu poder até que um terceiro, normalmente o pai, faz nascer a consciência de que a possibilidade de realizar os desejos é sempre limitada. A função paterna, que não precisa ser necessariamente exercida pelo pai biológico, consiste em afirmar para a criança que a pessoa concreta que exerce a função materna, geralmente a mãe, não lhe pertence. Os nexos entre pessoas que exercem poder, a partir de interesses comuns, aumentam o poder desses grupos. Pense, por exemplo, nos grupos de pessoas que exercem poder conectados por interesses comerciais ou especulativos, bem como na categoria a que chamam de "plutonomia", que serve para identificar as pessoas que se unem pelo fato de serem detentoras de muito dinheiro.

Ao lado dos indivíduos e dos grupos de interesse, há também o poder do Estado. O Estado detém o monopólio do uso da violência contra pessoas, razão pela qual tem a capacidade de exercer o poder em sua forma mais direta, embora não necessariamente mais efetiva, através do uso da força contra indivíduos. Ao lado da violência física, também a violência simbólica e a estrutural, muitas vezes, são empregadas para atender a grupos que se unem a partir de interesses que não representam os da maioria da população.

Sempre que o poder político se identifica com o poder econômico, tem-se um quadro no qual o poder estatal abandona a defesa dos interesses da maioria da população para se colocar a serviço do mercado, das corporações ou de grupos de interesses econômicos. Isso explica, por exemplo, as políticas governamentais contrárias aos interesses da maioria dos cidadãos, com o objetivo de proporcionar benefícios (e mais poder) a uma parcela específica da população: os super-ricos.

O poder sobre o outro se exerce tanto mediante o uso da força quanto pelo convencimento, ou seja, pelas formas da linguagem. O poder que se exerce sobre o indivíduo, que fica convencido de que deseja o mesmo que o detentor do poder, revela-se muito mais efetivo do que o poder que se manifesta através da violência que exclui a liberdade. Em outras palavras, o poder que leva à coincidência entre submissão e liberdade é a forma mais efetiva de realizar no outro as decisões do detentor do poder.

Todavia, seja qual for a manifestação de poder ou a estratégia direcionada à submissão do outro, sem a existência de limites o poder torna-se antidemocrático. Poder sem limite, seja do Estado, seja de particulares, gera opressão e arbítrio, inviabilizando qualquer pretensão democrática. Ou seja, a existência de limites ao poder é indispensável à democracia.

Entre os limites democráticos ao exercício do poder, típicos do Estado Democrático de Direito, destacavam-se os direitos fundamentais, direitos assegurados pelo Estado pelo simples fato de existir vida humana. Pretendia-se, ao conferir limites rígidos ao poder, inclusive ao poder das maiorias de ocasião (maiorias, por vezes, forjadas na desinformação produzida pelos meios de comunicação de massa), superar a concepção empobrecida e meramente formal de democracia que se identifica com a submissão ao princípio da maioria para a tomada de decisões. Nessa concepção formal de democracia, cada pessoa é percebida apenas como um voto, e o governo democrático seria aquele que atendesse à vontade da maioria. Basta lembrar que Adolf Hitler e Benito Mussolini obtiveram, em determinado contexto histórico, o apoio da maioria da população alemã e italiana, respectivamente, para perceber que não basta atender ao desejo de maiorias de ocasião para assegurar a existência de democracia, vida digna, direitos fundamentais e evitar a barbárie.

Com a vitória contra os projetos nazista e fascista, pretendeu-se elevar os direitos fundamentais a conteúdo material da democracia. Com isso, buscava-se criar uma concepção materialmente democrática com o objetivo de evitar o retorno da barbárie: haveria o dever de agir na concretização dos direitos fundamentais e o dever de não agir contra esses direitos.

A democracia, além de participação popular na tomada de decisões, deveria concretizar direitos e garantias fundamentais, que fossem capazes de garantir vida digna e de impor limites a todos os poderes, inclusive e principalmente ao poder econômico.

Unanimidade no campo discursivo, a necessidade de respeitar os direitos fundamentais foi mais um projeto político descumprido, porque limites democráticos mostram-se incompatíveis com a razão neoliberal que se volta à plena liberdade de acumular e permitir a circulação do capital. Por evidente, os detentores do poder econômico e o projeto capitalista de ampliação ilimitada do capital recusam limites que os impeçam de lucrar, acumular e aumentar seus rendimentos.

Da tensão entre a pretensão de ausência de limites típica do "capitalismo sem luvas" e os limites inerentes à concepção material de democracia gerou-se a "crise da democracia" – que foi real, mas que hoje persiste apenas no campo das narrativas que pretendem produzir efeitos de verdade. Falar em "crise da democracia", hoje, é um embuste para ocultar o fato de que a democracia foi superada por um modelo autoritário a serviço dos detentores do poder econômico: a chamada "pós-democracia".

Uma crise, por definição, significa um momento em que um determinado quadro histórico, físico, espiritual ou político pode se extinguir ou, ao contrário, recuperar-se, a partir dos próprios sintomas que apresenta, e continuar a existir. Crise, portanto, é um significante que procura dar conta de uma excepcionalidade que repercute em algo, um fenômeno ou um processo. Se há crise, esse algo "em crise" pode desaparecer ou, se as contradições forem superadas, continuar a existir. Agora, se esse algo deixa de existir, não há crise. Se desaparece, por exemplo, o conteúdo material da democracia (o respeito incondicional aos direitos e garantias fundamentais, por exemplo) e a correlata necessidade de impor limites aos poderes públicos e privados, não há mais "crise da democracia". É de outra coisa que se trata: não há mais democracia, vivem-se tempos pós-democráticos, tempos sem limites, tempos sem lei.

O Estado Democrático de Direito, que se caracterizava pela existência de limites rígidos ao exercício do poder, acabou substituído pelo Estado Pós-Democrático, no qual o poder político se confunde com o poder econômico, ambos voltados à realização dos interesses do mercado e à ampliação ilimitada do capital, em particular do capital financeiro (hoje, a burguesia produtiva perde poder para os detentores do capital financeiro; o trabalho e a produção perdem espaço na economia para o "rentismo" e o "capital improdutivo").

No Estado Pós-Democrático, os direitos, as garantias fundamentais e os valores democráticos passaram a ser tratados como mercadorias, portanto, como objetos negociáveis ou obstáculos que podem ser facilmente afastados em nome dos interesses repressivos do Estado, que precisa controlar os indesejáveis, aqueles que não interessam ao projeto neoliberal, ou do mercado. O interesse, mais do que nunca, passou a ser percebido como o interesse de cada um, porque cada pessoa passou a acreditar que é um "empresário-de-si" e a identificar o *outro* como um concorrente e, portanto, um inimigo a ser combatido e derrotado, quando não eliminado.

O detentor do poder político, na medida em que é também o detentor do poder econômico, muitas vezes eleito em razão de patologias de sistemas políticos como o brasileiro e o norte-americano, não guarda qualquer relação com os interesses da população. As decisões políticas são antes decisões em favor de corporações econômicas do que decisões tomadas em nome e em proveito do povo. Desaparece a mediação que caracterizava o modelo representativo: o detentor do poder econômico, ao exercer também o poder político, toma decisões em seu próprio interesse. Entre potencializar os seus próprios lucros e os das grandes corporações, de um lado, e atender às necessidades da população, do outro, na pós-democracia a opção já foi tomada. E se, por uma contingência histórica, o poder político distancia-se do econômico, não há pudor em derrubar governos democraticamente eleitos, como ocorreu recentemente no Paraguai (2012) e no Brasil (2016).

O discurso da "crise da democracia" tem função encobridora e docilizadora. Nega uma mudança paradigmática com a finalidade de ocultar que os direitos e garantias fundamentais, o conteúdo material da democracia e a vontade popular não servem mais de obstáculo ao exercício do poder, em especial o econômico. A pós-democracia apresenta-se como uma variação democrática, mas não o é. O significante "democracia" tornou-se vazio. Em nome de uma democracia de fachada praticam-se atos de violação aos valores democráticos. Em países, como o Brasil, lançados em uma tradição autoritária, onde mais da metade da população sempre foi vítima de arbítrios enquanto o restante da população naturalizou a violação dos limites democráticos, a pós-democracia instalou-se docilmente. Em um país construído a partir da escravidão e da correlata naturalização da hierarquização das pessoas, com alguns indivíduos desde sempre percebidos como descartáveis, a pós-democracia, a mercantilização das relações sociais e o egocentrismo do homem econômico adentraram sem dificuldade na sociedade.

Mas a chamada crise da democracia não é um fenômeno brasileiro. A tendência de identificar a sociedade com o mercado, e de fazer do Estado um mero instrumento para a satisfação dos interesses dos detentores do poder econômico, enfrentou resistências intelectuais e políticas, mas acabou por assumir ares hegemônicos. Hoje, pode-se afirmar que o mercado se tornou o principal (quando não o único) modelo para as relações sociais em todo o mundo. Surgiu, então, uma nova ordem social, percebida como natural: a ordem em que tudo e todos se tornaram negociáveis.

Toda pessoa foi levada a pensar como um *player* do mercado, um empresário de si, a partir da ideia de que deve buscar a sua *satisfação pessoal*. O interesse e a utilidade, entendidos como fundamentos normativos da vida em sociedade, passam a se identificar com o desejo de enriquecimento e a necessidade de eliminar aqueles que colocam em risco a busca pelo lucro e a acumulação do capital. A solidariedade, uma das promessas da modernidade, nessa nova configuração social produzida pela racionalidade neoliberal, acaba substituída pelos novos mandamentos a que o sujeito está submetido: "Aceitarás ser conduzido pelo egoísmo" e "Utilizarás o outro como um meio para chegar a teus fins".[1]

---

1. Sobre os novos mandamentos neoliberais: Dufour, 2016.

Fala-se, então, em um "devir econômico do homem"[2] que leva a um devir neoliberal da sociedade. Um projeto que se apresenta como comprometido com a liberdade, mas com um modo peculiar de ver a liberdade apenas como a liberdade-utilidade de lucrar, acumular capital, destruir os concorrentes/inimigos, satisfazer seus próprios interesses e buscar um gozo sem limites. É o projeto de uma sociedade sem limites éticos e legais, em que cada pessoa acredita ser livre para satisfazer suas pulsões e gozar ilimitadamente.

Com a razão neoliberal, surge também uma moral peculiar, adequada à nova sociedade e ligada aos riscos e oportunidades levados em consideração nos cálculos econômicos que cada pessoa passou a ter o dever de fazer: a *self-preference* (utilidade individual/interesse próprio) aparece como um dado irrepreensível da humanidade, que deve guiar todas as ações humanas e as valorações morais e políticas entre as pessoas.

Como se percebe, a "liberdade" do *Homo economicus*, tipo ideal forjado a partir da razão neoliberal, é incompatível com a existência de limites democráticos ao exercício do poder. A tensão entre democracia e liberdade neoliberal é inconciliável, o que leva ao afastamento dos valores democráticos, por vezes de forma dissimulada, por vezes de forma explícita.

---

2. Laval, 2007, p. 13.

O discurso das crises é funcional. A chamada "crise da democracia", em um momento em que não existe mais democracia em sentido substancial, é um bom exemplo de que o capitalismo não sobreviveria sem crises, reais ou imaginárias. As crises, como também os desastres e a destruição, são fundamentais ao projeto capitalista. O movimento de destruir e reconstruir gera muito lucro.

No momento em que a racionalidade neoliberal – que condiciona tanto o modo de ver quanto o de atuar no mundo e faz com que tudo e todos sejam tratados como mercadorias, portanto, como coisas negociáveis – tornou-se hegemônica, desapareceram os limites éticos e jurídicos à produção de crises, guerras e outras formas de destruição. O capitalismo cresce com o caos.

Porém o capitalismo também não vive sem o Estado, a forma jurídica do capitalismo. Este, ao contrário do que muitos acreditam, exige um Estado forte para, por exemplo, por meio do poder de polícia e do Sistema de Justiça, conter os indesejáveis ao projeto e aos desejos dos detentores do poder econômico. A chamada "crise do Estado" é, portanto, uma "crise" em favor do projeto capitalista. Basta pensar em todos aqueles que lucram com a crise da saúde, da educação e da segurança pública. A "crise" do Estado é fabricada pelos detentores do poder econômico que, na pós-democracia, como já se disse, se identificam com os detentores do poder político.

A narrativa da crise do Estado Democrático de Direito, portanto, funciona como estratégia para esconder a mudança paradigmática que resultou no que, à falta de melhor nome, está-se a chamar de Estado Pós-Democrático. Se no Estado Democrático de Direito existiam limites rígidos ao exercício do poder, hoje o que caracteriza o Estado é o desaparecimento ou a relativização desses limites e o tratamento como mercadoria de todos os valores, coisas ou pessoas, ou seja, a possibilidade de negociação daquilo que a filosofia desde Kant e a tradição democrática consideravam inegociável.

Em que pese o esforço argumentativo, algo cínico, daqueles que afirmam a persistência dos valores democráticos sob a égide da razão neoliberal, por evidente, "pausas na democracia" não são acontecimentos democráticos. Não se pode pretender arrumar a democracia com métodos antidemocráticos. Violar direitos e garantias fundamentais em nome da "democracia" não pode ser tido como um movimento democrático. Da mesma forma, não é adequado à democracia combater a corrupção política corrompendo os valores e procedimentos democráticos ou prender quem viola a lei em processos judiciais nos quais o próprio Estado também viola a lei. A democracia, vale sempre repetir, não é um fim em si mesmo. Dito de outra forma, na democracia, os fins não justificam os meios. Os meios democráticos são marcados por limites que existem para evitar o arbítrio e a opressão. O afastamento de valores, formas e demais limites democráticos nunca podem ser considerados manifestações democráticas.

O modelo democrático existe em constante tensão. A pluralidade de interesses que convivem na democracia são fontes de conflitos que devem ser solucionados à luz das regras do jogo democrático, ou seja, do respeito ao procedimento, aos direitos e garantias previstos nas Constituições democráticas. Já em Aristóteles, a tensão entre os pobres e os ricos se faz perceber no debate sobre a democracia. Para ele, a pobreza é a causa das falhas e dos fracassos na democracia. James Madison, um dos protagonistas no processo de elaboração da Constituição dos Estados Unidos da América, já manifestava a necessidade de proteger a "minoria opulenta" da ameaça dos pobres, razão pela qual defendia que o poder fosse exercido pelos ricos, que seriam os mais indicados para gerir os interesses do povo em geral. A própria Constituição dos Estados Unidos funcionou para restringir o potencial democrático, isso em razão do perigo que a democracia sempre representou para os ricos em um país de maioria pobre. Buscou-se construir o sistema constitucional de modo a assegurar os direitos das elites e, ao mesmo tempo, dividir a população para inviabilizar uniões que representassem risco aos detentores do poder político e do poder econômico. Não há que se estranhar, portanto, que, em discurso proferido em 1960, Malcolm X tenha declarado: "Democracia é hipocrisia." Na pós-democracia, a realidade é ainda mais dramática: sequer a Constituição é respeitada e mesmo a democracia burguesa foi afastada para assegurar os fins do projeto neoliberal.

Nem todos aceitam limitar seus desejos em nome da democracia. Seguir as regras do jogo democrático, por vezes, choca-se com os projetos dos detentores do poder político e do poder econômico, e mesmo com o desejo de enriquecer do indivíduo alienado que ainda acredita na possibilidade de ascensão social através apenas do trabalho sério e disciplinado. Mas manter a democracia exige mais. Há sempre o risco de a maioria oprimir as minorias. Em sociedades machistas, por exemplo, o desejo da maioria pode limitar e até eliminar os direitos das mulheres. Não por acaso, os direitos e garantias fundamentais foram pensados como trunfos contra "maiorias de ocasião", obstáculos contra maiorias eventuais, no Estado Democrático de Direito. Nas democracias substanciais, nem mesmo a vontade da maioria pode afastar direitos e garantias fundamentais.

Mas a questão aqui é outra. Não se trata de debater a chamada "tirania das maiorias", muito pelo contrário. O objetivo neste momento é compreender a omissão das maiorias diante do ataque aos seus direitos. Tentar entender por que se permitiu a emergência da pós-democracia, essa forma aparentemente democrática que esconde o desaparecimento dos valores democráticos. Por que os desejos e os interesses de uma minoria cruel conseguem subjugar os interesses da maioria? Quais as novas causas da "servidão voluntária"? Por que a população aceita ser explorada em um sistema que só favorece aos super-ricos? O que aconteceu com a sociedade na pós-democracia?

A hipótese central deste livro é a de que o capitalismo, e mais precisamente o neoliberalismo, produziu uma nova subjetividade, uma nova economia psíquica, na qual os limites ao gozo não se situam mais na lei ou no discurso, para serem, por vezes, encontrados no imaginário ou no corpo (próprio ou do outro). Desaparecem os limites externos. A lei perde importância. Tem-se, então, uma sociedade marcada por um processo de dessimbolização, tendencialmente perversa, quando não paranoica, em que, por exemplo, o valor "verdade" é substituído por uma mercadoria chamada "pós-verdade", fonte privilegiada para a fabricação de certezas delirantes e *fake news*. Uma sociedade dividida em classes e que se encontra lançada em um programa que, ao mesmo tempo, dociliza e elimina os potenciais inimigos dos detentores do poder econômico. Um programa adequado à pós-democracia e que leva ao empobrecimento subjetivo, ao abandono de projetos educacionais com potencial libertador, à aposta na construção de uma subjetividade autoritária, ao desaparecimento do valor "verdade", à substituição do valor "liberdade" pelo valor "segurança", à cooptação de teorias e indivíduos e ao apagamento ou eliminação de teorias e indivíduos que não se deixaram coaptar. A essa sociedade, na qual a busca desmedida da satisfação do interesse individual apaga a possibilidade de qualquer projeto coletivo, poder-se-ia chamar "sem lei".

2. A dessimbolização do mundo

O Estado Democrático de Direito, entendido como o modelo estatal[1] marcado por limites ao exercício do poder – de qualquer poder (político, econômico, judicial etc.) –, encontra-se, na melhor das hipóteses, em crise ou, o que é mais provável, superado. A ideia de que

---

1. Não existe, em concreto, um exemplo histórico "puro" de Estado Democrático de Direito. Trata-se de um modelo ideal que se caracteriza pela justificação do poder a partir do respeito a limites. No Brasil, sempre foi precário, com os direitos e garantias fundamentais respeitados de forma seletiva. Até há pouco tempo os agentes estatais ainda tentavam justificar sua atuação a partir do respeito aos limites democráticos. Hoje, naturalizou-se a violação dos limites éticos e legais, como se observa nas recentes decisões do Supremo Tribunal Federal, que relativizaram o princípio da presunção de inocência e os direitos sociais titularizados pelos trabalhadores e respeitados desde a criação da Consolidação das Leis do Trabalho (CLT).

os direitos e garantias fundamentais, que derivam da Constituição da República e dos tratados e convenções internacionais, funcionariam como limites ao arbítrio e à opressão aos poucos foi substituída pela construção de uma imagem desses direitos como entraves, dessas conquistas civilizatórias como meros obstáculos, tanto à eficiência econômica ou repressiva do Estado quanto aos interesses dos detentores do poder político e do poder econômico. À mudança no Estado corresponde a mudança na sociedade. Ou, mais precisamente, o desaparecimento dos limites e a concomitante transformação de tudo e todos em objetos negociáveis produzem profundas mudanças no Estado, na sociedade e no indivíduo.

No Brasil, inicialmente de maneira tímida, e em seguida sem pudor, os direitos e garantias fundamentais passaram a ser relativizados, fenômeno que foi aceito sem resistência pela sociedade. Dito de outro modo: os direitos e garantias individuais, que ao longo da história foram conquistados e construídos como o conteúdo material da democracia,[2] passaram a ser afastados, com a aquiescência do Poder Judiciário – o qual deveria exercer a função de garantidor da democracia – e

---

2. Democracia, em sentido material, é, além da participação popular na tomada das decisões políticas, a concretização dos direitos e garantias fundamentais.

com o silêncio de grande parcela da sociedade. Aliás, os detentores do poder econômico, em seus cálculos, contam com a inércia popular. Para eles, o povo não passa de um mero dado estatístico ou uma opinião a ser manipulada em favor dos seus interesses.

Essa passividade popular pode ser explicada, em parte, pelo fato de a sociedade brasileira estar lançada em uma tradição autoritária, um conjunto de representações, visões de mundo, ideias e pré-concepções forjadas por fenômenos como a escravidão e as ditaduras do século XX. Uma tradição que condiciona a percepção das pessoas a partir da crença tanto no uso da força para resolver os mais variados problemas sociais quanto de que existem pessoas inferiores que podem ser usadas e até eliminadas. No Brasil, em razão da ausência de políticas públicas adequadas e mesmo de obstáculos postos por agências estatais à superação das marcas e práticas do passado, que impediram até o esclarecimento dos crimes cometidos por agentes públicos durante o período da ditadura civil-militar-empresarial instaurada em 1964, ainda não foi possível construir uma cultura de respeito aos direitos e garantias fundamentais. Mas o silêncio da população não é apenas um efeito desse autoritarismo, presente desde o marco fundador da sociedade brasileira, em que mesmo o tiranizado é levado a desejar se tornar o próximo tirano. Essa ausência de resistência popular à retirada de direitos está também ligada a um processo relacionado com a racionalidade neoliberal: a dessimbolização.

A dessimbolização, a perda da importância do simbólico, faz com que a ausência de limites ao exercício do poder, que caracteriza o chamado Estado Pós-Democrático, seja naturalizada. O simbólico identifica-se com a linguagem e surge como um elemento diferencial externo, um limite imposto por terceiros, que tendia a ser internalizado pelo indivíduo. É o simbólico que, por exemplo, explica a diferença entre o desejo humano e o instinto animal, bem como fornece os valores que constroem a dimensão humana. Indivíduos que acreditam não ter limites ao gozo formam uma sociedade igualmente sem limites e se submetem, sem questionar, aos arbítrios de um Estado sem limites. O modelo a ser seguido tanto pelo Estado como pela sociedade e o indivíduo é o do mercado. O indivíduo procura atuar como um empresário-de-si; o Estado, como uma grande empresa; e a sociedade, como um espaço em que se pode realizar qualquer negócio. O mandamento da sociedade dessimbolizada é apenas um: goze! Um gozo que se identifica com os fins da sociedade de mercado. Não há direito, Constituição, lei, norma moral ou ética que possa frear o desejo de enriquecer ou alcançar qualquer outro fim egoísta.

Ao Estado Pós-Democrático corresponde, portanto, uma sociedade sem limites. É o que ocorre, por exemplo, no neoliberalismo, entendido como o modo de ver e atuar no mundo, em que a ausência de limites rígidos ao exercício do poder do Estado e às ações dos indivíduos, com a relativização dos direitos e garantias fundamentais, bem como das normas morais, que historicamente dificultavam a livre circulação de mercadorias, soma-se à confusão entre o poder político e o poder econômico.

A ausência de limites que caracteriza a sociedade pós-democrática atinge a todos. Pense-se nos juízes, elevados à condição de protagonistas da política brasileira: ao abandonarem a função de efetuar julgamentos direcionados à concretização dos direitos e garantias fundamentais, tornaram-se, para se ajustar à racionalidade neoliberal, meros gestores de interesses políticos e/ou econômicos. Juízos acerca da legalidade ou ilegalidade de atos, bem como decisões que antes eram pautadas pela adequação à Constituição da República e à legislação em vigor, foram substituídos por juízos voltados à satisfação de determinados grupos de interesse, mesmo que em detrimento da maioria, em uma espécie *sui generis* de utilitarismo. Passou-se a julgar sem os limites típicos do Estado Democrático de Direito, sem a observância das "regras do jogo" que distinguem as democracias dos regimes totalitários.

Infelizmente, julgamentos marcados pela relativização das leis e da ética não são exclusividade do Poder Judiciário. A dessimbolização, que, por um lado, permite que juízes togados abandonem um saber específico para julgarem a partir do senso comum, por outro, autoriza que qualquer pessoa se sinta legitimada a julgar outras pessoas. Com o enfraquecimento do simbólico, o empobrecimento da linguagem e a perda da importância da lei, a imagem que cada um faz do que é justo ou legítimo assume o lugar da lei.

Cada dia mais as pessoas se sentem autorizadas a julgar o outro, e esse julgamento também não tem observado limites, nem jurídicos (uma vez que, ao expressarem seus julgamentos, as pessoas frequentemente praticam ilícitos civis e/ou penais, tais como os crimes de calúnia, injúria ou difamação), nem éticos. Muitas vezes travestidos de ativismo político, outras acobertados por declarações em defesa da liberdade de expressão, esses "julgamentos", sempre arbitrários e de antemão condenatórios, são proferidos todos os dias. Neles não há imparcialidade possível, entendida como uma posição de "não saber" capaz de revelar a equidistância do julgador em relação aos interesses em disputa. Antes mesmo de proferir o julgamento, os juízes e fiscais da vida alheia já têm convicção de que o imputado é culpado. Típico "julgamento de exceção", despido de garantias mínimas que busquem assegurar a justiça ou a racionalidade da "decisão", as figuras do acusador e do julgador se confundem; não existe uma acusação (a atribuição de um fato concreto) bem delimitada e nem a oportunidade de o acusado se defender. Não há dialética, porque o sujeito que se dispõe a ser o julgador do outro já carrega uma certeza delirante, uma imagem previamente definida, uma convicção inafastável, do que é verdadeiro ou justo.

Nesses julgamentos do dia a dia, cria-se uma fantasia em torno do "acusado", sem qualquer compromisso com a facticidade. Fatos são distorcidos, potencializados ou mesmo inventados: o importante é chegar ao resultado desejado pelo julgador. O acontecimento, o fato que se afirma querer julgar, perde importância para a hipótese, carregada de certeza, previamente formulada pelo acusador/julgador[3] a partir de preconceitos, ressentimento, inveja e, sobretudo, ódio.

Esse desejo de a todos julgar e condenar, que se aproxima de uma onipotência infantil, é um exemplo privilegiado da modificação ocorrida nas últimas décadas, na sociedade, a partir da racionalidade neoliberal. De um julgador, típico sujeito da modernidade, que mirava (ou, ao menos, preocupava-se em afirmar que buscava) a verdade e a realização do justo a partir do respeito aos limites legais e éticos ao exercício do poder de julgar, o ser-julgador tornou-se um sujeito que exerce poder sem limites rígidos, o que acaba por ser instrumental

---

3. A essa figura que funde as funções de acusar e julgar pode-se chamar "inquisidor".

aos interesses dos detentores do poder político e/ou econômico.

Pode-se perceber a substituição da figura do julgador marcado pelo simbólico, pelo limite inscrito na subjetividade, pela do julgador em que o imaginário procura dar conta do laço social, dessa conexão entre os atores sociais concretizada através de interações e que permite a vida em sociedade. A *imagem* que se faz do outro torna-se mais importante do que a lei. Há, portanto, uma nova economia psíquica, que gera um novo mal-estar, que, como o antigo mal-estar denunciado por Sigmund Freud, também diz respeito à relação entre as pessoas, aos discursos e modos-de-ser no mundo da vida.

Há, apenas para citar um exemplo dessa mudança, um distanciamento inédito entre o funcionamento social e o funcionamento da chamada "pequena família" (pai, mãe e filhos).[4] Os componentes dessa pequena família fecham-se e desconfiam daqueles que não integram esse núcleo. Gera-se um antagonismo em relação ao restante da sociedade, potencializado por questões de classes, de gênero, entre outras, a ponto de se transformar, em determinadas circunstâncias, em ódio.

Conforme as demais pessoas se distanciam do que o sujeito considera a postura ideal (uma espécie de

---

4. Nesse sentido, ver Mario Fleig, "Apresentação", in Lebrun, 2010, p. 6.

"ideal de eu" – uma mera positividade que não encontra correspondência no mundo real; uma construção imaginária que marca o sujeito na sociedade sem lei), aumenta a desconfiança de que os *outros* (em última análise, o restante da civilização) são os responsáveis pela infelicidade, pelo gozo a menos, pelas restrições e pelo que lhe falta. Assim, as frustrações de cada pessoa passam a ser consideradas responsabilidade do outro (muitas vezes, um outro indefinido, como, por exemplo, "os nordestinos"). O ódio, que nasce da presença do outro, faz-se presente até quando esse outro se ausenta, porque o que conta é o imaginário, mais precisamente a imagem que se tem de um outro que atingiu, atinge ou pode atingir o sujeito.

Existe o ódio porque existe a linguagem, existe a linguagem porque existe um terceiro. O ódio é, antes de atingir qualquer objeto, direcionado ao simbólico, ao espaço da alteridade, em que a diferença se faz presente. Em termos psicanalíticos, costuma-se afirmar que esse ódio está ligado ao "furo no imaginário", mais precisamente ao "furo" que se localiza na consciência narcísica: a existência do outro gera uma ameaça à imagem que a pessoa que odeia tem de si.

Mas o que teria produzido essa transformação do sujeito? A resposta mais crível é a de que foi o sucesso do capitalismo, que consumiu o sujeito da modernidade, anunciado por Descartes, o criador do grande delírio ocidental, e descrito por Kant, Freud e Marx. O "sujeito moderno" começou a desaparecer no momento em que a lógica capitalista substituiu, sem enfrentar resistência, a pessoa escravizada por pessoas reduzidas ao estado de mercadorias, pessoas tratadas como produtos[5] e, portanto, "consumíveis tanto como os outros".[6]

Como se viu, os julgamentos, tanto os conduzidos por juízes togados como aqueles protagonizados pelo indivíduo preocupado com a vida alheia, podem ser tidos como verdadeiros sintomas, e, como todo sintoma, mudam de acordo com o discurso dominante na civilização. Com a hegemonia do discurso do capitalista, produziu-se um novo tipo de julgamento: um julgamento que tende à ilimitação, um julgamento "a céu aberto", no qual o imaginário do julgador, o imaginário de cada um, substituiu a lei. Diante da ausência de limites que não foram internalizados, o novo sujeito-julgador cria uma "lei" que ele mesmo encarna, voltada a dominar o outro, tratado como objeto/mercadoria, e a libertar suas pulsões.

Dany-Robert Dufour aponta que o capitalismo, após consumir os corpos (a noção de "corpos produtivos" é, nesse sentido, autoexplicativa), passou a consumir os espíritos. Como se "o pleno desenvolvimento da razão

---

5. Nesse sentido, ver Dufour, 2005, p. 9.
6. Lacan, 1991.

instrumental (a técnica), permitido pelo capitalismo, se consolidasse por um déficit da razão pura (a faculdade de julgar *a priori* quanto ao que se é verdadeiro ou falso, inclusive bem ou mal). É precisamente esse traço que nos parece propriamente caracterizar a virada dita 'pós-moderna': o momento em que uma parte da inteligência o capitalismo se pôs a serviço da 'redução de cabeças'."[7]

A partir da diminuição de importância da pessoa, que cada vez mais desaparece diante do valor "mercadoria", as explicações forjadas na modernidade, que procuravam dar conta de um mundo em que o ser humano não mais seria instrumentalizado, de um mundo em que a pessoa estava destinada a ser o centro de referência para todos os fenômenos, tornaram-se obsoletas. Na atual quadra histórica, em que as pessoas são tratadas como objetos, as formas filosóficas pensadas na modernidade para explicar o sujeito, se ainda não foram abandonadas, são utilizadas de forma cínica. Só o cinismo e a perversão se mostram compatíveis com a maneira como o outro é tratado na pós-democracia.

O sujeito crítico kantiano (que apareceu nos anos 1800), o sujeito revolucionário marxiano (surgido com a publicação do *Manifesto comunista* em 1848) e o sujeito neurótico freudiano (que surgiu nos anos 1900) não

---

7. Dufour, 2005, p. 10.

explicam o sujeito egoísta, despreocupado com o laço social, que se caracteriza por consumir acriticamente e agir sem limites.

Da mesma forma, o sujeito-julgador, que refletia, tinha dúvidas e procurava a verdade para decidir de modo a criar um mundo melhor para todos, caminha para a extinção, substituído que foi por um juiz narcisista, tendente ao ódio, acrítico, repleto de certezas e sem limites – um sujeito-julgador egoísta, acrítico e, na melhor das hipóteses, perverso, quando não psicótico (vale lembrar que na "perversão", o sujeito reconhece a existência de limites, mas goza ao violá-los; enquanto na "psicose", os limites sequer chegam a ser internalizados pelo indivíduo).

Pode-se afirmar que as garantias absolutas e metassociais das relações humanas tornaram-se desnecessárias.[8] Valores transcendentais ou morais, os grandes Sujeitos (Deus, Revolução, Partido etc.) e as grandes narrativas, por dificultarem a livre circulação de mercadorias, precisaram ser reelaborados (pense-se na substituição da Teologia da Libertação pela Teologia da Prosperidade, produzida pelas Igrejas Neopentecostais a partir da reelaboração tanto do conflito entre o bem e o mal quanto do papel social de Jesus Cristo), abandonados ou destruídos. Na lição de Marcel Gauchet, os atores

---

8. Ibidem.

sociais "se querem desligados e sem nada acima deles que impeça a maximização de seus empreendimentos".[9]

Pelo mesmo motivo, teóricos e pesquisadores que buscaram entender e construir alternativas à razão neoliberal foram submetidos a um processo de apagamento nas escolas e universidades, sempre que não aceitaram ou puderam ser cooptados ou distorcidos. A demonização de Karl Marx e o abandono de filósofos (como Theodor W. Adorno, Max Horkheimer, Erich Fromm, entre outros), que pensaram o autoritarismo e a indústria cultural, fenômenos essenciais ao projeto neoliberal, são bons exemplos de como autores malditos na ótica do sistema neoliberal são ostracizados. De igual sorte, não causa surpresa a mudança na grade curricular brasileira que retirou a disciplina de Filosofia do ensino médio e as tentativas de impedir que os cursos de Filosofia, História e Geografia sejam ministrados em universidades públicas.

Ao se perder a perspectiva crítica, não se sabe mais o que é o bem[10] ou o mal. Por um lado, há um esvaziamento do simbólico com a progressiva perda dos limites e dos valores compartilhados que davam sentido e permitiam a vida em sociedade, já que hoje todos esses valores acabaram substituídos ou são tratados como

---

9. Gauchet, 2002, p. XXV.
10. Nesse sentido, ver Rogozinski, 1999.

se fossem mercadorias. De outro lado, ocorreu uma modificação do imaginário, da imagem que se tem de si e dos outros, no qual a imagem-de-si passa a se identificar com a única lei a ser reconhecida. Identificação que só é possível em um ambiente de esvaziamento da linguagem, no qual se dá tanto a rejeição categórica, embora inconsciente, dos valores construídos ao longo do tempo, quanto uma percepção afetivamente insensível do outro.

O processo de dessimbolização levou, portanto, a um mundo em que as pessoas não têm limites, mas que, ao contrário do que poderia se imaginar, os indivíduos não são livres, ou melhor, são levados a acreditar que a liberdade se resume à possibilidade de consumir qualquer coisa, inclusive eles próprios. A dessimbolização produz o esvaziamento subjetivo e o correlato processo de idiotização do indivíduo.

A lógica capitalista, de sempre buscar o lucro custe o que custar, fez com que todo valor atribuído às figuras transcendentes, fora do comércio, desaparecesse. Só tem valor o que pode ser negociado, o que pode gerar lucro. O valor simbólico, com toda a sua complexidade, é substituído pelo mero valor monetário atribuído às mercadorias, "de tal forma que nada mais, nenhuma outra consideração (moral, tradicional, transcendente, transcendental...) possa entravar sua livre circulação.

A DESSIMBOLIZAÇÃO DO MUNDO

De tudo isso resulta uma dessimbolização do mundo",[11] através da qual as pessoas deixam de estar de acordo sobre os valores simbólicos transcendentes ao mesmo tempo que aderem, sem reflexão, ao projeto de ampliação infinita da circulação das mercadorias e da acumulação do capital.

Essa dessimbolização, que alguns preferem chamar de "mutação do simbólico", traz modificações sensíveis para a posição do sujeito e o funcionamento da sociedade. Quanto menos limites tiver e mais "livre" (e acrítico) for o sujeito, quanto mais esvaziada a linguagem, maior a possibilidade de que suas ações e decisões produzam arbítrios e violações aos direitos dos outros. O esvaziamento da linguagem leva a distorções nas ações e nos julgamentos. Ao desaparecer o justo *a priori*, quando sequer os limites semânticos das leis, e em especial da Constituição da República (que deveria simbolizar o fundamento de validade de todos os atos estatais), são respeitados, o acerto/justiça do julgamento passa a depender do imaginário do julgador. A ausência de limites leva ao arbítrio e ao autoritarismo. O imaginário democrático, necessário para decisões fundadas no respeito à alteridade e aos direitos fundamentais, por sua vez, exige a internalização de limites que cada vez mais estão ausentes do mundo.

---

11. Dufour, 2005, p. 13.

O esvaziamento da linguagem, consequência necessária da dessimbolização, afeta qualquer discurso. O discurso do capitalista, que se tornou hegemônico, não faz laço social, uma vez que é dirigido não a pessoas, mas a objetos. Um discurso voltado a objetos tratados como mercadorias e a pessoas tratadas como objetos. Diante do imperativo "consuma!", forma como a razão neoliberal apresenta o mandamento "goze!", o sujeito faz nexo com objetos, e não com pessoas.

Nasce, portanto, em razão do excesso de capitalismo, do sucesso do capitalismo na sua forma neoliberal, uma nova subjetividade, uma nova economia psíquica e, com ela, uma nova sociedade. Um sujeito forjado a partir da mercadoria, que existe e só se justifica em razão da mercadoria. Uma sociedade que tem como referencial normativo o mercado. Um sujeito que é lançado no mundo para consumir e ser consumido pelo mercado. Uma sociedade sem limites ao consumo e que mercantiliza até o espetáculo da destruição de seus integrantes.

Diante dessa nova economia psíquica, construída para atender ao projeto neoliberal de criar o desejo de consumo ilimitado no indivíduo como forma de aumentar os lucros dos detentores do poder econômico, surge um novo sujeito. Um sujeito que se impôs da constatação da inconveniência do sujeito crítico, para o qual nem tudo era negociável (vale lembrar que, na

Metafísica dos costumes, Kant já esclarecia que existe o que não tem preço ou equivalente, o que é pura dignidade).

Se um sujeito que não se deixa levar pelas promessas de felicidade do mercado não serve ao projeto neoliberal, também o sujeito revolucionário marxiano, marcado pela solidariedade, pela adoção do método dialético e portador de um projeto de transformação social, não interessa à razão neoliberal. Na ideologia neoliberal, defende-se a busca da satisfação individual mesmo que à custa da felicidade da maioria. Não há espaço, portanto, para projetos coletivos ou para sujeitos preocupados com a construção de um outro mundo possível. Para o sujeito marxiano, a felicidade estava ligada à libertação de todas as formas de dominação e a liberdade só seria verdadeira se correspondesse à liberdade de todos; a partir da racionalidade neoliberal, dá-se a redução tanto da ideia de felicidade à dimensão de apropriação de mercadorias quanto da ideia de liberdade à de consumo.

Por fim, pode-se constatar que se deu a passagem de uma economia psíquica fundada no recalque e, portanto, na neurose (que permitiu identificar o homem neurótico freudiano), para uma economia psíquica, fundada em uma cultura que desconsidera limites e, portanto, produz sujeitos perversos (que "desmentem" os limites), quando não psicóticos (que não possuem limites).[12]

Essa economia psíquica, avessa à crítica, às preocupações sociais e aos limites, levou a um novo sujeito. Um sujeito adequado ao mundo pós-democrático: acrítico, egoísta, consumidor, autoritário e tendencialmente paranoico.

Os efeitos da dessimbolização no mundo estão ligados ao fato de que a questão do inconsciente não é individual, como deixaram claro Freud, em o *Mal-Estar da Civilização*, e Lacan, nos seminários *La Logique du fantasme* e *No Avesso da Psicanálise*. De fato, "o inconsciente é a política",[13] o inconsciente é, também, social. O inconsciente de um sujeito "não é habitado apenas por representações familiares, ele o é também por representações sociais; sobretudo, ele se articula com interações entre o ambiente social e os primeiros outros – habitualmente seu pai e sua mãe – a partir dos quais se organiza a sua realidade psíquica".[14] A realidade psíquica, portanto, não é um dado natural, mas algo construído aos poucos a partir de algumas pessoas (daqueles que apresentam o mundo ao indivíduo), da linguagem (que sempre antecipa sentidos) e da tradição (em que cada pessoa é lançada ao nascer).

---

12. Nesse sentido, ver Melman, 2004b.
13. Lacan, [s.d]a.
14. Lebrun, 2010, p. 30.

Diversas representações organizam o inconsciente. Em primeiro lugar, representações ligadas aos traços da espécie humana, como o fato de cada pessoa habitar a linguagem e a competência metafórica. Existem também representações nas quais se encontram os traços que definem a pessoa inserida em uma determinada coletividade, que são transmitidos ao sujeito por uma determinada cultura para que, por sua vez, ele possa retransmiti-los. Por fim, representações fornecidas pelos outros (primeiro a mãe, o pai, a família etc.). Todas essas representações são constitutivas da identidade psíquica de uma pessoa. A dessimbolização, típica da era pós-democrática, modifica cada uma dessas camadas de representações e, em consequência, transforma a realidade psíquica do sujeito.

Ocorreram, portanto, mudanças na realidade psíquica em razão das mudanças no social. Ou, como afirma Dufour, existem "idades do inconsciente".[15] Ocorrendo mudanças nas representações que organizam o inconsciente, ocorrem também modificações na condição subjetiva. Na teoria do simbólico lacaniano, o Outro (a linguagem) aparece tanto como lugar terceiro na fala quanto como lugar do terceiro, daquele que ao impor limites instaura o simbólico. A internalização do "não" do terceiro, a percepção de um limite tido como externo, necessária para romper com a onipotência infantil, sofre abalos a depender de uma série de fatores sociais.

---

15. Dufour, 2005, p. 44.

A percepção da existência de limites muda de acordo com o contexto, isso porque tanto a tradição quanto a linguagem não são plenas e intransponíveis. A simples possibilidade de resistência aos limites impostos faz ver que a linguagem, a tradição e o inconsciente não são plenos, que há um furo constitutivo do Outro. Furo que significa a possibilidade de mudanças no imaginário.

Cada cultura forma sujeitos. Mudanças culturais formam novos sujeitos. Cada sujeito, em cada época, constrói um Outro, pensado como um grande Sujeito (aquele que garantiria a existência do sujeito falante) a que se submeter. A pessoa, ao nascer, torna-se "sujeito de" e "sujeito a". Ao longo do tempo, o sujeito passa a exercer direitos ao mesmo tempo que se submete a um Outro. E qual seria esse grande outro da pós-democracia? O indivíduo, ao longo da história, submeteu-se à Natureza, aos Deuses, ao Deus, ao Estado, à Ideologia e, agora, acredita não se submeter a nada, isto é, acredita não depender mais de grandes Sujeitos. Trata-se, porém, de uma idealização (um "ideal de Eu"), na qual o sujeito ignora estar submetido ao Mercado. Um "Eu" idealizado e prepotente que faz as próprias leis, mas desconhece que essas leis estão submetidas às leis do mercado. Um Eu "livre" para consumir, e até para criar um novo Deus.

O esvaziamento do simbólico é também um estado avançado da destruição da linguagem. Noções como as de "verdade" e "democracia" se enfraquecem, o que permite o surgimento de simulacros como a "pós-verdade" e a "pós-democracia". As notícias cedem diante das *fake news*, da mesma forma com que mentiras, ofensas e agressões tornam-se armas aceitáveis para destruir os inimigos e atender ao projeto neoliberal.

Às mutações do simbólico correspondem alterações no imaginário. O "Eu imaginário" passa a ser a sede da lei, mas não da lei que se perdeu com a dessimbolização. Não se trata, pois, de uma lei carregada de história e de valores. Ao contrário, trata-se de uma farsa que pretende ser lei: uma criação que se apresenta como lei, mas sem valor de lei, uma lei que só existe no imaginário do sujeito e que passa a ser utilizada para satisfazer, sem culpa, o seu próprio interesse.

Com o desaparecimento dos grandes sujeitos e das grandes narrativas que "explicavam" e organizavam o mundo, bem como dos grandes projetos coletivos que influenciavam no desejo (como, por exemplo, o comunismo), mas especialmente com o enfraquecimento da função simbólica, substituída que foi pelo Mercado, ou, mais precisamente, substituída por representações imaginárias adequadas à livre circulação de mercadorias, o novo sujeito, que ama mercadorias e usa pessoas, não cria mais obstáculos ao projeto neoliberal.

A ausência de um grande Sujeito, ou mesmo de qualquer exterioridade capaz de impor limites, em um mundo que se quer completo e no qual se pretende um gozo ilimitado, acaba com a possibilidade de um controle mais efetivo ou mesmo do direcionamento do ódio. Assim, o ódio escapa por toda parte, atinge qualquer pessoa ou coisa, em especial aquelas que antes exerciam a função do grande Sujeito. Há um ódio aos limites, um ódio ao pai, um ódio ao conhecimento, um ódio à democracia, um ódio ao comunismo etc. O ódio é sempre um negócio coletivo, porque o ódio se origina com a civilização ou, como prefere Lacan, porque o ódio estruturalmente é um ataque ao significante que funda a linguagem.[16]

Se a neurose figurou como a principal estrutura clínica do sujeito da modernidade, que vivia em um mundo com limites (graças à naturalização com que se dava a internalização e a aceitação do "não"), hoje, esse quadro mudou. A incapacidade de internalizar o "não" ou o prazer em desconsiderá-lo, que marcam a pós-modernidade como um mundo sem limites, fazem com que surjam cada vez mais pessoas psicóticas ou perversas. Mas não é só. A nova idade do inconsciente gera também a potencialização do narcisismo. Na nova economia psíquica, a referência deixou de ser externa (o Pai, o Estado, Deus, a Constituição etc.). O novo regime normativo afasta-se do "ele/ela" para se fixar no "Eu". O sujeito passa a dirigir sua vida exclusivamente a partir de cálculos aritméticos que envolvem prazer e dor. Se não há lei ou valor transcendente, se o

---

16. Por todos, ver Lebrun, 2008b.

egoísmo retrata o novo modo de ser-no-mundo e figura como a premissa das relações sociais, cabe ao Eu definir o que fazer ou o que é liberdade.

De igual sorte, cresce uma consciência distorcida de "igualdade". Hoje, todos se sentem autorizados a fazer e a falar de tudo, porque todos se sentem admiráveis e oniscientes, razão pela qual negam a necessidade de esforço e dedicação para se formar como sujeito. O esforço de estudar, o conhecimento específico que diferenciava, perde valor, em especial se esse conhecimento não pode ser facilmente convertido em mercadoria. O argumento perdeu a autoridade.

Se o "não-do-pai", a imposição de limites por um terceiro, que fundava o simbólico, é rejeitado, não se instaura a alteridade. O outro, o semelhante (igual e rival), torna-se mais um objeto para o sujeito. E, não existindo o outro, não há mais sujeito, pois este se constitui a partir do outro. Em suma, no funcionamento da dinâmica social, pode-se "constatar o enfraquecimento, senão o próprio desaparecimento, do que ontem ainda constituía norma comum, daquilo a que nos referíamos fora e também dentro de cada um de nós e que era habitualmente transmitido pela tradição"[17] e, em especial, o desaparecimento do respeito aos limites.

---

17. Idem, 2010, p. 9.

3. O pai é(ra) o limite

Com o reconhecimento do inconsciente, e de que a razão não dá conta de todos os atos praticados em sociedade, ainda que travestidos de racionais, não se pode mais deixar de desvelar, ou ao menos colocar em questão, os efeitos do inconsciente no mundo da vida. Para se abrir ao inconsciente e seus efeitos no mundo sensível é "essencial abandonar a supervalorização da propriedade do estar consciente".[1] Não por acaso, Lacan chega a dizer que a "única função homogênea da consciência está na captura imaginária do *eu* por seu reflexo especular e na função de desconhecimento que lhe permanece ligada".[2]

---
1. Freud, 2001, p. 584.
2. Lacan, "A posição do inconsciente no Congresso de Bonneval", in _____, 1998, p. 846.

Se as teorias sociais foram construídas a partir da crença no domínio da razão, na aposta na consciência, os diversos fracassos nas tentativas de assegurar a dignidade da pessoa humana, reduzir a desigualdade e concretizar direitos e garantias fundamentais deveriam ter servido de alerta de que há alguma coisa fora da ordem racional, que algo faz furo na imagem que temos das coisas ao mesmo tempo que faltam palavras para representá-las com exatidão. Essa falta e esse furo, nem sempre reconhecidos pelo sujeito, em especial pelo sujeito acrítico da pós-democracia, levam a deslizamentos de sentidos e a equívocos que, não raro, produzem injustiças e danos à sociedade. Em uma frase: a crença cega na consciência impede a compreensão dos desvios sociais e o desvelamento de como ações e decisão são produzidas. Não é possível conhecer como se dá uma ação no mundo da vida (por exemplo, um julgamento), sem considerar o inconsciente e, mais precisamente, o registro simbólico que impõe limites de origem exógena ao sujeito.

O significante *pai*, apresentado como o representante do simbólico, presente desde o início da teoria freudiana, articula-se com a ideia de impor limites à liberdade ou à opressão, isto é, com concepções autoritárias e democráticas de sociedade. Vale lembrar que, se o Estado Democrático de Direito se caracteriza pela existência de limites ao exercício do poder, por outro lado, nem todo limite mostra-se adequado à democracia, como se observa, por exemplo, nas limitações aos direitos fundamentais fora das hipóteses previstas no texto constitucional, típicas dos modelos autoritários de Estado.

Em Freud, dois mitos são construídos com recurso à figura do "pai", como fontes de reflexão e utilizados no preenchimento de lacunas e na explicação de suas teorias sobre o funcionamento psíquico: mitos que tratam de mortes, poder e limites.

O mito de Édipo, na formulação construída por Freud a partir da "carta 71" dirigida a Wilhelm Fliess, fornece o que pode ser considerado um dos mais cruciais conceitos psicanalíticos, na medida em que se acredite que o adulto pode ser pensado a partir do conjunto de sentimentos que a criança experimenta, "absorvida por um desejo sexual incontrolável, tem de aprender a limitar seu impulso e ajustá-lo aos limites do seu corpo imaturo, aos limites de sua consciência, aos limites de seu medo e, finalmente, aos limites de uma Lei tácita que lhe ordena que pare de tomar seus pais por objetos sexuais".[3] O pai aparece nessa construção freudiana como aquele terceiro que interdita a pulsão da criança, ao mesmo tempo que faz a mãe perceber que o filho não é uma parte dela.

---

3. Nasio, 2007, p. 12.

Esse complexo, constituído por relações marcadas por limites, desejo e identificação, foi retratado em uma fábula de três personagens: a criança e seus pais, a mãe, que figura como o objeto do desejo; enquanto o pai corporifica a interdição a esse desejo.[4] Neste quadro, o pai desempenha a função simbólica de intervir sob a forma de lei, como aquele que introduz o "não" para a criança (o "não-do-pai"). É a partir do não-do-pai que a criança internaliza que a mãe não lhe pertence, que aquele ser de quem depende tem outros desejos, diferentes do seu. A função paterna faz, principalmente, com que a criança perceba e aceite que o gozo é sempre limitado. É o "não", de quem exerce essa função de apresentar limites, que gera seres desejantes. Sem a perspectiva do não, desaparece o desejo.

O outro mito manejado por Freud, ligado à problemática do poder e dos limites, é o assassinato do pai em *Totem e Tabu* (1913). Pode-se afirmar que nessa obra Freud formula sua versão da teoria psicanalítica da lei.

O relato do assassinato do pai tirano – que detinha o gozo ilimitado, objeto de amor e ódio –, seguido da culpa e do culto ao pai através do totem, dá margem a diversas interpretações. A primeira, e mais famosa, aposta que o mito representa a constituição da cultura, a passagem à civilização, com a limitação/partilha do gozo. Curioso notar que, para esta interpretação, a morte do pai não

---

4. Ibidem, pp. 16-17.

o enfraquece, ao contrário, o pai torna-se eterno, ao se fazer presente sempre no sentir dos assassinos e de seus herdeiros. Para outros, o mito revela o laço fraterno que leva à constituição do contrato social, uma vez que, após matarem o pai, são os irmãos que instauram a lei democraticamente e criam uma sociedade de iguais, a partir da castração simbólica do pai opressor e todo--poderoso.[5] Há, ainda, quem interprete o assassinato do pai, o regaste e a importância da função paterna, como uma forma de atualização do modelo patriarcal e tendencialmente violento de sociedade.

Enfim, os mitos de Édipo e do Pai da Horda são histórias de limites, ou melhor, da consciência de limites: é "pela via da intervenção da função do pai que o homem é possuído pelo discurso da lei".[6] O controle democrático do poder exige a existência de limites.

Essa figura do "pai" também pode ser pensada a partir de três registros: o real, o simbólico e o imaginário. Com Lacan, pode-se dizer que o real é o que é estritamente impensável,[7] aquilo que não pode ser representado, nem apreendido. O saber do real é absoluto, inapreensível e tem um poder penetrante e traumático.[8]

---

5. Nesse sentido, ver Kehl (org.), 2000.
6. Maurano, 2001, p. 62.
7. Lacan, [s.d.]b.
8. Alain Didier-Weil, "Pai no real: pai simbólico – pai real". Joseph Moingt *et al.*, Rio de Janeiro: Campo Matêmico, 2002, p. 357.

Assim, o registro real do pai não se confunde com o pai da realidade, da mesma forma que o real não se confunde com a realidade.

A realidade "é constituída de uma trama simbólico-imaginária"[9] sempre costurada através da linguagem. O pai que está presente em casa se sustenta em um emaranhado simbólico-imaginário. Note-se que o pai real seria uma possibilidade que não pode ser demonstrada e sequer chega a ser, pois o simples fato de se nomeá-lo "pai real" ou de tentar explicá-lo já o desloca para outro registro. O pai real "não é", visto que ser exigiria a simbolização: o "não" do real revela uma impossibilidade (um não-há-possibilidade).

O real, embora resista à simbolização, acaba por comparecer tanto no simbólico, "sob a forma de falta de um significante",[10] quanto no imaginário, como furo, como "ausência de um saber sobre a espécie".[11] No pai real há o que falta ao significante "pai", o que não se conhece e não se pode conhecer sobre ele. No pai real esconde-se o que poderia preencher o furo no imaginário.

O simbólico é o registro da linguagem. Se o pai real "não é", o pai simbólico "é", ou seja, possui sentido e pode ser representado. Nesse registro, o "significante

---

9. Jorge Ferreira, 2009, p. 32.
10. Ibidem, p. 31.
11. Ibidem.

Pai equivale ao significante *Lei*",[12] razão pela qual a "diluição da figura paterna, sua ausência ou degradação, aponta para o *self-service* normativo, inviabilizando a prática da democracia".[13]

O não-do-pai é a condição de possibilidade da contenção do arbítrio e, portanto, da manutenção da democracia, entendida como modelo que se respeitam as diferenças e se dá a realização dos direitos e garantias fundamentais. No registro simbólico, o pai é o "não" inscrito na linguagem que, ao mesmo tempo que vincula, pode ser superado, o que dá origem aos três supereus descritos por Didier-Weill: o arcaico ("nem uma palavra"), que se apresenta na forma de um mandamento radical; o segundo ("não insista"), que reconhece a possibilidade de resistência à determinação; e o terceiro supereu ("você vai perseverar?"), que se apresenta quase como uma súplica.

Cabe ao pai a função de impor limites, articular sujeito e simbólico (fazer laço entre o simbólico, o imaginário e o real), e, assim, permitir o acesso ao desejo. Note-se que sem a lei (ou seja, sem o "não-do-pai") a "*coisa* estava morta", isso porque a "relação dialética do desejo com a Lei faz o nosso desejo não arder senão numa relação com a Lei".[14]

---

12. Guerra Filho, 2009.
13. Cerqueira Filho, 2002, p. 59.
14. Lacan, 2008, p. 104.

Sem a linguagem não há o pai simbólico, mas sem o pai também não há a linguagem. A função paterna, de impor limites à pulsão, é também a função da própria linguagem. É a interiorização de limites, próprios da linguagem que nunca consegue dar conta das coisas, que "instala" no aparelho psíquico a capacidade de substituição significante, ou seja, a competência metafórica. A impossibilidade da metáfora, a incapacidade de perceber os deslocamentos de sentido, típica do vazio do pensamento e presente na personalidade autoritária, é a perda do simbólico: não há um terceiro, não há possibilidade de modificação dos papéis, não há complexidade, onde só a lógica binária (opressor-oprimido, bem-mal, amigo-inimigo etc.) compõe o imaginário.

Vale lembrar que tanto quanto o pai, a mãe também é uma metáfora (e, portanto, se dá no registro simbólico) do objeto inteiramente satisfatório (a Coisa, *das Ding*), o prazer que se busca, mas que nunca mais vai ser sentido. Não por acaso, é o interdito do incesto (outra metáfora, de nítido viés anticapitalista, dessa vez para a impossibilidade de tudo possuir), trazido pelo pai (o pai simbólico), que gera o que Lacan identificou como o caráter essencialmente decepcionante da ordem simbólica. E, como é fácil perceber, a ordem simbólica sempre frustra o sujeito em razão das leis da linguagem, da lei do significante, isso porque faltam palavras e as que existem nunca dão conta. Como constata Jean-Pierre Lebrun, para "habitar o mundo mediatizado pelas palavras, o sujeito teve que consentir em perder o gozo imediato das coisas".[15] Essa falta, a renúncia que cada um deve fazer (a renúncia do objeto do gozo primeiro, do objeto inteiramente satisfatório), é o preço que o humano sempre pagou por não ser mero instinto, mas movido pela pulsão (*Trieb*), pelo simples fato de ser falante.

Costuma-se falar que Lacan superou o mito (freudiano) para chegar na estrutura cujo "pai" é o representante da linguagem, que, por sua vez, é a colocação em ato do interdito. Há, na linguagem, o interdito constitutivo do humano que se traduz em uma impossibilidade: a impossibilidade da coincidência das palavras com as coisas, a impossibilidade de se ter tudo aquilo que se deseja. Uma impossibilidade, vale dizer, que a racionalidade neoliberal não aceita.

Percebe-se, pois, que o simbólico, que supõe a renúncia ao imediato, a impossibilidade de tudo possuir, revela-se um obstáculo ao projeto capitalista, em especial em sua atual forma a que se chama neoliberalismo. Não se trata, portanto, de mera obra do acaso, na pós-democracia ter sido decretada a morte do pai simbólico.

O imaginário, por sua vez, diz diretamente da imagem, mais precisamente de "uma relação dual com a

---

15. Lebrun, 2010, p. 29.

imagem do semelhante".[16] Trata-se de um conjunto de representações que independe da verdade e, inclusive, pode estar em contrariedade a ela. O imaginário é o *locus* da imagem que se tem. Uma imagem que, frequentemente, é distorcida. O pai imaginário é sempre terrível, pronto para fazer valer a lei. O pai imaginário, que nos casos de psicopatia se coloca em posição de substituir o pai simbólico, evocado para dar conta de uma sociedade sem limites e da crise de autoridade, serve à prática de atos arbitrários.

É no registro imaginário que se formam as diversas concepções da lei e, em especial, a imago do pai como limite e como autoridade. Essa distinção, aliás, é que, no plano da teoria política, vai dar corpo a concepções diversas de Estado, algumas democráticas, marcadas pela existência de limites ao arbítrio, outras autoritárias, que se caracterizam tanto pela ampliação da força em detrimento do saber/conhecimento quanto pela restrição da liberdade e das potencialidades humanas.

Em suma, é possível encontrar na construção lacaniana do "*Nome-do-Pai*" ("não-do-pai") subsídios para um discurso e uma prática autoritária na sociedade, que apostam no incremento da repressão e na legitimação do uso da força em nome do pai, do Estado como Pai. Na realidade, essa concepção acaba por confundir o

---

16. Roudinesco; Plon, "Imaginário", in _____, 1998, p. 371.

pai do registro simbólico, representante dos limites e da linguagem, com o pai do registro imaginário, pensado como terrível. Sempre que esse pai imaginário, a versão imaginária do pai, é chamado a substituir o pai simbólico, revela-se incapaz de exercer a função de (res)simbolizar o mundo e apresenta respostas ineficazes que ampliam a falta de sentido. Vale registrar que o já mencionado processo de dessimbolização favorece ou reforça – ao demandar a restauração da "lei do pai", da força e da autoridade – um imaginário antidemocrático e, em consequência, uma epistemologia autoritária/ inquisitiva.

Diante deste quadro, em que a metáfora do pai se abre para diversas concepções, cabe problematizar o discurso sobre o mal-estar contemporâneo, que aposta no declínio da função paterna como causa do aumento da violência e do esgarçamento do tecido social. Não há dúvida de que se pode pensar que "demandar a restauração da lei do pai deixa no ar um pedido por mais ordem e mais limites, fazendo eco, desse modo, aos discursos repressivos provenientes de outros setores da sociedade".[17] No Brasil, por exemplo, diante da crise do simbólico, da ausência de limites, como se dá a restau-

---

17. Regina Neri, "Uma reflexão sobre a concepção de lei na psicanálise: o pai como lei e a lei como pai", in Abramovay; Batista (orgs.), 2010, p. 159.

ração da metáfora paterna? Através de atos ineficazes que implicam o uso desnecessário da força e agressões contra indivíduos etiquetados de inimigos. No campo estatal, a restauração da função paterna se dá através de políticas de extermínio e encarceramento em massa daqueles que não interessam ao projeto neoliberal, os "indesejáveis", seja porque não dispõem de meios ou capacidade de produzir ou consumir, seja porque se manifestam politicamente contrários aos detentores do poder econômico.

As tentativas de converter o Estado em "pai" têm levado ao aumento do poder punitivo exercido pelos agentes estatais, tornando-os, não raro, autoritários. O Estado-pai passa a ser imaginado, ao mesmo tempo, como o legislador que legitima o uso da força, como o juiz que despreza garantias e, por fim, como o verdugo que executa quem não interessa ao *status quo*.

4. Os detentores do poder econômico: as elites também brigam

Ao analisar o período compreendido entre os anos de 1933 e 1944, Franz Neumann acabou por comparar o Terceiro Reich ao monstro Behemoth, figura da mitologia judaica e dos escritos de Thomas Hobbes: um ser monstruoso, caótico, sem limites e amorfo.[1] Em linhas gerais, a tese defendida por Neumann era a de que o regime de Hitler expressava uma ideologia consistente, mas não possuía uma estrutura coerente. Isso porque os diferentes grupos de poder (o Partido Nazista, os agentes conservadores entranhados nos poderes do Estado, as Forças Armadas e as grandes

---

1. Neumann, 2009.

corporações econômicas) que, unidos, permitiram a ascensão nazista, apresentavam fortes contradições, em especial porque cada um desses grupos de poder não deixou de conspirar contra os demais em favor de seus próprios interesses, bem como pretendiam crescer sem ceder espaço, poder ou status.

Como o leitor pode perceber, nada muito diferente da estrutura e das práticas observadas no Estado brasileiro desde a queda do Governo Dilma em 2016. Aliás, em linhas gerais, essa unidade ideológica somada a uma estrutura incoerente, na qual os detentores do poder econômico se encontram em estado de disputa permanente entre si, também é um efeito da razão neoliberal. O interesse de cada um se sobrepõe à própria consciência de classe, tanto nas elites, entendidas como os detentores do poder político e/ou econômico, quanto nas camadas populares.

Se em Portugal, em uma tentativa de romper em certa medida com a racionalidade neoliberal, construiu-se uma "geringonça" de esquerda – a reunião inédita de forças progressistas até então em conflito dentro do campo progressista – que vem alcançando sucesso econômico na contramão das políticas de austeridade em voga na maioria da Europa, no mundo neoliberal surgem "monstros" de direita. O exemplo do Brasil é significativo: diversos agentes de diferentes orientações, condicionados pela ideologia neoliberal, se uniram para derrubar uma presidenta eleita democraticamente e recolocar o país no programa neoliberal, mas esse "monstro", que reúne partes tão diferentes, não consegue apresentar uma estrutura estável, um projeto político coerente ou parir candidatos competitivos, explicitamente comprometidos com o projeto neoliberal, para as eleições (o que, na lógica pós-democrática, sempre aponta para a possibilidade de fraudes eleitorais, golpes ou mesmo o cancelamento do processo eleitoral).

A aproximação entre o poder político e o poder econômico, o desaparecimento dos limites ao exercício do poder (em especial, o afastamento/relativização dos direitos e garantias fundamentais), a atuação política do Poder Judiciário, o crescimento do pensamento autoritário, as tentativas de controle ideológico de professores e funcionários públicos, o desmantelamento da rede de proteção trabalhista, o controle e a manipulação da informação pelos meios de comunicação de massa, a divulgação de notícias falsas e a demonização dos inimigos políticos, a destruição de determinados setores da economia nacional, o crescimento do lucro dos bancos em meio à crise, o desaparecimento dos obstáculos ao lucro das grandes empresas e à circulação do capital financeiro, o desmantelamento dos instrumentos para uma política econômica soberana, a distribuição de isenções tributárias para grandes empresas, o congelamento dos gastos sociais, a substituição da política pela religião, a transferência do patrimônio público para empresas privadas, a intervenção militar na segurança pública, dentre outros fenômenos expressam, não uma estrutura coerente, mas a tentativa de atender aos diversos interesses das partes que compõem o Behemoth neoliberal brasileiro.

Tudo é feito de forma apressada na tentativa de restabelecer o modelo neoliberal, porque a rapidez é fundamental para impedir a reflexão sobre o significado das medidas e a organização necessária à resistência das forças políticas de oposição. No Brasil e na Argentina, para citar exemplos recentes, logo após a substituição das presidentas Dilma Rousseff e Cristina Kirchner por Michel Temer e Mauricio Macri, diversas medidas ligadas ao ideário neoliberal foram lançadas e rapidamente aprovadas por parlamentos dominados por grupos de interesse econômico e distanciados da ideia de representação popular.

No Brasil, construiu-se uma narrativa, sem suporte em dados concretos, de que os governos de Lula e Dilma defendiam pautas radicais e que estimulavam o acirramento da luta de classes. Nada mais falso. As políticas de redução da desigualdade, que no governo de Michel Temer passaram a ser objeto de ataques, conviveram com políticas de conciliação de classe, tais como a nomeação de ministros nos tribunais superiores ligados ao establishment conservador e o pacto com as instituições bancárias que continuaram a condicionar (na verdade, determinar) as diretrizes do Banco Central, as metas de inflação e as taxas de juros (pacto que se manteve, e não impediu avanços sociais nas brechas da estrutura do poder econômico, enquanto durou o boom das *commodities*).

Ainda sobre os conflitos envolvendo as elites, se pode notar claramente, nos últimos anos, um deslocamento do protagonismo do poder econômico dos setores produtivos para a chamada burguesia financeira. Deu-se aquilo que Ladislau Dowbor chamou de instauração da "era do capital improdutivo",[2] na qual o sistema financeiro deixou de servir à economia para se servir dela e da sociedade. O fenômeno da financeirização é uma das consequências de uma disputa dentro do campo dos detentores do poder econômico a partir do desejo de enriquecimento de uns em detrimento dos demais. O Estado, dominado pelo poder econômico, com o empoderamento da burguesia financeira, gradativamente deixa de ser governado para todo o mercado e passa a servir prioritariamente às instituições financeiras, socorrendo-as sempre que necessário.

Como toda questão econômica, a financeirização não foi o resultado da aplicação "neutra" de uma "técnica econômica" ou de uma fórmula matemá-

---

2. Dowbor, 2017.

tica, nem mesmo se trata de um movimento natural do sistema econômico, como sustentam economistas forjados na ideologia da "ciência econômica", mas retrata uma opção política de parcela dos detentores do poder econômico. As questões econômicas são sempre problemas que são criados e resolvidos na esfera da política e, por isso, quando os detentores do poder econômico se identificam com os detentores do poder político surgem questões e soluções econômicas muito peculiares para atender preferencialmente um grupo muito reduzido da sociedade. A opção pelo capital improdutivo se revela adequada à racionalidade neoliberal, mas aprofunda a deformação dos processos sociais e econômicos provocados pela transferência dos recursos do fomento econômico (investimentos) para atividades e ganhos improdutivos (rendimentos sem contrapartida social).

Dentro do monstro neoliberal, a produção e os setores produtivos da economia estão perdendo a luta contra a especulação e os setores improdutivos dos detentores do poder econômico, o que produziu a ruptura do equilíbrio entre circulação industrial e circulação financeira, entre produção e especulação. Dentro da racionalidade neoliberal, nada para se estranhar, uma vez que a especulação financeira (por meio de aplicações financeiras) mostra-se, na atual quadra histórica, muito mais útil à realização do desejo de lucrar e acumular capital do que as atividades ligadas ao processo produtivo. Muito mais fácil lucrar através de investimentos financeiros do que abrir uma sociedade empresária, contratar trabalhadores, desenvolver um plano de atuação, pagar impostos e produzir.

Desesperador? Por um lado, sim. Mas a ausência de uma estrutura coerente, os interesses antagônicos e as contradições que envolvem os grupos que detêm o poder econômico, uma vez compreendidos, revelam a possibilidade de superação, resistência e reação à ofensiva antidemocrática. Otimismo? Talvez. Mas, novamente citando o exemplo do Brasil, pense-se nos recentes ataques dos meios de comunicação de massa contra os membros do Poder Judiciário, que até bem pouco tempo, enquanto considerados funcionais à derrubada do governo democraticamente eleito, eram tratados como símbolos da "luta contra a corrupção".

O "messianismo jurídico", com a divulgação midiática da crença em uma solução mágica para todos os males do país fornecida pelo Poder Judiciário, passou a ser percebido como uma ameaça por grupos de interesse mais preocupados com a ampliação dos lucros a qualquer custo. Por isso, os antigos aliados do Poder Judiciário passaram a ser criticados e a popularidade dos "novos heróis" despencou. O "auxílio-moradia", por exemplo, verba que juízes e procuradores já recebiam durante a chamada "Operação Lava Jato" – complexo de ações judiciais que foi transformado em espetáculo pelos meios de comunicação de massa ao mesmo tempo que serviu à utilização política da persecução penal em desfavor, principalmente, do projeto protagonizado pelo Partido dos Trabalhadores –, só se tornou um "problema", a ser alvo de críticas pelos meios de comunicação de massa, a partir da conspiração por mais poder dos antigos aliados, antes incentivadores do "ativismo jurídico" e da correlata demonização da política.

O discurso de "luta contra a corrupção", antes utilizado na construção de um imaginário contrário aos inimigos comuns dos detentores do poder político, diante das suas contradições, também passou a ser manejado contra antigos aliados. Na luta por maiores lucros e status, quanto menos competidores sobreviverem, melhor. Momentos de crise, nos quais as contradições ficam explicitadas, aliás, são ótimos para aumentar os lucros, concentrar poder e se livrar de aliados inconvenientes (isso explica a "crise permanente" a que estamos submetidos e a falta de vontade política de solucioná-la).

A briga por poder e status não vai acabar. Os interesses antagônicos no interior do Behemoth neoliberal são muitos e evidentes. Com o desaparecimento dos limites que antes eram impostos pela consciência e a solidariedade de classe, os detentores do poder político entram constantemente em guerra entre si. Como conciliar interesses nacionalistas de parcela das Forças Armadas (que foram chamadas para conter os "indesejáveis" às lentes dos ideólogos neoliberais) com os desejos das grandes corporações internacionais? Como frear a onda conservadora e os discursos de ódio que não mais interessam à parcela "civilizada" dos meios de comunicação de massa? Como compatibilizar os interesses dos empresários produtivos com os da burguesia bancária? Como reduzir a carga de impostos, se há a necessidade de um Estado forte tanto para conter os pobres e os inimigos políticos do projeto de acumulação ilimitada neoliberal, quanto para resgatar as instituições bancárias das crises que elas mesmas geram ao, na busca ilimitada por lucros, emprestar dinheiro que não possuem e que sabem (ou deveriam saber) que não poderá ser devolvido?

Não há dúvida: o Behemoth neoliberal irá desaparecer. Há um limite para a propaganda e a violência que foram os instrumentos até o momento utilizados para manter essa estrutura disforme. A propaganda e a violência não são capazes de melhorar as condições políticas e sociais, ao contrário, elas geram mais violência, ressentimento e ódio. A propaganda dos feitos do Behemoth neoliberal, que em concreto só retirou direitos da grande maioria da população, só é possível se conectada com o abandono dos valores democráticos. Em relação ao abandono total dos valores democráticos, também não há unanimidade. No Behemoth neoliberal ainda há quem prefira o simulacro de democracia ao autoritarismo explícito.

A própria aliança entre o neoliberalismo e o neoconservadorismo apresenta limites evidentes: os atores sociais neoconservadores procuram compensar os efeitos sociais perversos típicos do projeto neoliberal com uma retórica moralizante e discriminadora somada à defesa de práticas autoritárias e repressivas adequadas à crença no uso do poder em detrimento do conhecimento, porém o poder de enganar a população, vendendo a imagem de que o "mercado" e os lucros absurdos das instituições financeiras são uma realidade natural e compatível com a nostalgia de uma sociedade estável e "pura", não dura para sempre.

Tem-se, pois, um campo de disputa no interior do monstro neoliberal.

O Behemoth irá se extinguir. A questão, portanto, é saber se junto com ele desaparecerá também o Estado laico, soberano e com aparência democrática, ou se as forças políticas que resistem ao "monstro" serão capazes de construir uma alternativa (tanto no plano narrativo quanto das práticas concretas) que permita ressignificar o Estado (com uma nova separação entre o poder político e o poder econômico, a imposição de limites democráticos ao poder etc.), a economia (que deve voltar a ser a gestão da casa comum e não o local de defesa dos interesses dos super-ricos) e a sociedade (que precisa de limites).

5. Sociedade pós-democrática: economia, religião, família, escola e idiotização

Costuma-se conceituar sociedade como um conjunto de pessoas que convivem de forma organizada. Para alguns, é um dado natural; para outros, o resultado de um acordo de vontades. A sociedade é composta por indivíduos que estariam associados para e por compartilhar valores culturais e instituições que permitam o sentimento de pertencer ao todo. Ao mesmo tempo, o ser humano é um animal que, lançado na linguagem, se revela capaz de fazer distinções, isto é, de jogar com a unidade e a diversidade simultaneamente, incluir e excluir. Percebe-se, então, que a sociedade é uma construção humana, algo que depende dos indivíduos para nomear, incluir e excluir elementos. A sociedade, portanto, é o espaço para os cálculos de distinção, nada mais do que uma forma que se traduz na operação de comunicação, isto é, uma abstração que só existe como símbolo entre os seres humanos. Assim, mutações antropológicas afetam a sociedade, a finalidade do agrupamento e as necessidades que recomendam a associação.

Impossível pensar a sociedade na pós-democracia sem atentar tanto para as mudanças no modo de regulamentação do capitalismo quanto para a natureza política das opções econômicas. Uma sociedade construída a partir das diretrizes de John Maynard Keynes, por exemplo, seria bem diferente da sociedade que aceitou como natural as propostas neoliberais de Hayeck e Misses.

Marx e Keynes, seguidos por outros autores da economia política, tinham atitude crítica incompatível com a postura da chamada *mainstream economics* e sua pretensão de fazer da economia uma "ciência pura", com postulados individualistas e sua recusa em considerar a perspectiva histórica, a tradição e os fatores dinâmicos da sociedade.

Keynes sabia que os efeitos concretos de opções políticas sobre a sociedade no campo econômico não poderiam ser desconsiderados, bem como que os acontecimentos do mundo social e moral, necessários às avaliações econômicas, não poderiam ser objeto de um mero cálculo matemático. Tinha, pois, plena consciência da necessidade de avaliações qualitativas das circunstâncias históricas, sociais e concretas nas quais são tomadas decisões econômicas.[1]

Por outro lado, a razão neoliberal faz com que a sociedade fique submetida a decisões, apresentadas como "naturais" e "inevitáveis" (pense-se na propaganda e nas "informações" acerca das políticas de austeridade), mas que na verdade atendem ao "interesse" egoísta dos detentores do poder econômico (que também exercem o poder político e, por essa razão, fazem determinadas escolhas para atender aos próprios interesses e rejeitam outras que contemplariam a maioria da população). Salta aos olhos, portanto, a razão pela qual autores como Keynes foram apagados em tempos pós-democráticos.

Na pós-democracia, o "interesse", visto como novo fundamento normativo das escolhas humanas e das opções políticas, revela-se sinônimo de "utilidade" para os detentores do poder econômico. E essa ação egoísta é disfarçada através do discurso de que as ações humanas e as opções econômicas são determinadas por uma "máquina de calcular", sem a interferência dos desejos humanos.

Diante da racionalidade neoliberal, a *oiko-nomia* (gestão da casa), fundamental à conformação da so-

---

1. John Maynard Keynes, "A Treatise on Probability", in _____, 1973.

ciedade, passa a se dar a partir de uma opção política por tratar os indivíduos como seres alienados (e dispensáveis) e desconsiderar toda a produção de bens e de valores que se dão fora do circuito das trocas comerciais. O mercado tornou-se, então, o principal regulador das relações sociais, uma vez que todas as pessoas e todos os valores passaram a ser tratados no registro das mercadorias.

Se o mercado era inicialmente a esfera das trocas e dos negócios, a racionalidade neoliberal fez do mundo da vida um grande mercado. Para alguns, o mercado tornou-se uma nova providência, o Deus supremo. Quem não interessa ao mercado, seja por não produzir, seja por não dispor de meios para consumir, ou ainda por encarnar um inimigo político da sociedade de mercado, torna-se um indesejável que deve ser excluído ou eliminado.

Infelizmente, as coisas ainda vão piorar. Enquanto as pessoas se acostumam a viver nesse grande mercado, a busca desenfreada, sem lei, por mais lucro e acumulação de capital passa a desenhar um mundo ainda mais excludente, no qual mesmo a lógica das trocas se torna obsoleta para explicar as ações humanas. A opção pelo capital improdutivo em detrimento do capital produtivo começa a criar uma sociedade em que apenas as elites financeiras estarão incluídas.

Mas a sociedade atual não pode ser explicada apenas com base na economia. Pode-se perceber claramente que a atual conformação da sociedade está ligada também às transformações na relação das pessoas com a religião. A morte de Deus revelou-se um engodo. Deus está vivo, produzindo efeitos como nunca, mas serve ao mercado.

Como percebeu Daniel Bensaïd, "quando a política está em baixa, os deuses estão em alta. Quando o profano recua, o sagrado tem a sua revanche. Quando a história se arrasta, a Eternidade levanta voo. Quando não se querem mais povos e classes, restam tribos, etnias, massas e maltas anômicas"[2]. Em outras palavras, afastado da política, sem informação e condicionado por mantras religiosos, o povo transforma-se em rebanho. Com a crise do modelo de democracia representativa (que fica explícita ao se perceber que os detentores do poder econômico exercem também o poder político) e a demonização da política – movimento que procura afastar a população da atividade política com potencial transformador da sociedade e atende à lógica neoliberal – a religião voltou a adquirir importância como reguladora social e depósito das esperanças individuais. Não se trata, porém, de um retorno de arcaísmos que teriam sido reprimidos. Todavia, as religiões que ga-

---

2. Bensaïd, 2008, p. 15.

nham força na dinâmica social foram reconfiguradas pelo mercado. O ideal cristão de amor ao próximo, por exemplo, perdeu importância diante do cristianismo neoliberal que desenvolve a teologia da prosperidade. No lugar da libertação e do compromisso com o pobre, o desejo de enriquecer. Reza-se para conseguir a graça do lucro, a aquisição de bens e a acumulação de capital.

As religiões, condicionadas pelo modo neoliberal de ver o mundo, reagem às novas formas de desolação moral e social, às novas inquietações e desesperos típicos de uma sociedade construída à imagem e semelhança do mercado. O neopentecostalismo, versão neoliberal do cristianismo, não trabalha com velhos demônios, mas com demônios contemporâneos, nascidos da promiscuidade entre o mercado e a religião. Neste contexto, líderes religiosos transformam a fé em mercadoria e negociam de exorcismos até casamentos, de milagres até apoios políticos, o pastor da igreja passa a ser o símbolo do sucesso econômico, a Igreja adquire a forma de uma empresa bem-sucedida e, em países como o Brasil, o pagamento do dízimo torna-se uma fonte inesgotável de enriquecimento.

Na sociedade pós-democrática, o discurso dominante no campo político adquire ares teológicos. Pense-se nas "cruzadas" que são anunciadas contra a corrupção, o terrorismo, as "drogas" e outros fenômenos que são transformados em encarnação do mal. Não é de estranhar que, no Brasil, um dos principais nomes da Operação Lava Jato, o procurador da república Deltan Dallagnol apresente-se como um neopastor e faça palestras em igrejas pelo Brasil.

Muitas disputas políticas que retratam conflitos de interesse e de classes acabam repaginadas e apresentadas ao rebanho como uma luta do bem contra o mal absoluto. O adversário é apresentado como a encarnação do demônio. E essa retórica religiosa penetrou nas instituições estatais, em especial no Poder Judiciário, que passa a atuar cada vez mais a partir de uma pré-compreensão inquisitorial, atualizando práticas e instituições típicas das perseguições às bruxas e dos processos da Inquisição (como, por exemplo, a prisão para obter delações, tão comum no âmbito da Operação Lava Jato).

As religiões que não se vendem como a pura positividade típica das mercadorias, o que se dá, por exemplo, com as religiões de matriz africana, voltam a ser demonizadas. A racionalidade neoliberal não compreende e desconsidera/demoniza aquilo que não pode ser tratado como mera mercadoria, ao mesmo tempo que aproxima a religião do mercado, aceitando e reforçando a veneração de ídolos, pastores, padres e lideranças religiosas que se mostrem tementes ao deus-mercado enquanto controlam indivíduos transformados em rebanho. Rebanhos oriundos de uma espécie de "egoísmo gregário",[3] promovido, tanto o "egoísmo" quanto o desejo de se reunir, em grande parte pelas igrejas.

Além da economia e da religião, a sociedade pós-democrática revela que as instituições tradicionais, a família e a escola não se mostram mais capazes de criar ou reforçar laços sociais. A racionalidade neoliberal produziu uma mutação simbólica em relação às funções paterna e materna. Desapareceram, ou pelo menos foram extremamente reduzidas, tanto a função de impor limites quanto a de transmitir cultura. Os pais não conseguem mais dizer "não" aos filhos. Desaparecem, ou são flexibilizados os primeiros limites (a Lei) impostos às crianças. Há, em certa medida, um esfacelamento da autoridade que, somado aos efeitos dos inúmeros mandamentos ao consumo, contribui para essa nova configuração das funções familiares. Mas há, em especial, uma crise de legitimidade. Os pais não reconhecem para si "a legitimidade de poder – e até de dever – significar interdições aos filhos. Hoje, como sabemos, muitos pais sentem-se até obrigados a estar sempre em condição de atender aos pedidos dos filhos".[4] Nas famílias adequadas à racionalidade neoliberal, a tarefa de primeiro educar os filhos é substituída pelo objetivo dos pais de serem amados por aqueles. Se antes

---

3. Dufour, 2008b, p. 23.
4. Lebrun, 2008a, p. 21.

os pais procuravam dosar suas intervenções voltadas à educação dos filhos para não serem detestados, atualmente procuram se apresentar à prole como pura positividade, como uma mercadoria a ser desejada. Os filhos, então, aproveitam-se dessa "liberalização" familiar para não terem que renunciar à onipotência infantil ou assumir o ônus de crescer.

Verifica-se uma espécie de igualização das posições de pais e filhos. Ou seja, desparecem ou se fragilizam os papéis específicos de cada um com reflexos nas relações de dominação que tradicionalmente se desenvolviam no interior das famílias. A família deixa de ser um mecanismo de transmissão de valores e cultura para se tornar um agrupamento de interesses econômico-afetivos. Desaparece, portanto, os deveres da família que se relacionavam com a sociedade: há uma espécie de privatização do grupo econômico-afetivo familiar.

A ausência da imposição de limites produz uma nova economia psíquica, novas formas de subjetividade e, portanto, um neossujeito: um sujeito sem limites para um mundo sem limites. Indivíduos sem limites, em uma sociedade sem lei, tornam-se consumidores ideais para o projeto neoliberal de ampliação ilimitada dos lucros dos detentores do poder econômico.

Há uma evidente fratura na lógica solidária que sempre existiu entre o funcionamento da família e o funcionamento da sociedade. A família sempre foi o espaço onde as pessoas se preparavam para a vida social, onde eram fornecidos os elementos necessários à vida em sociedade. Antes de a racionalidade neoliberal reformatar a família, esse local não dizia respeito apenas à vida privada, uma vez que a família sempre se apresentou articulada com o social. A partir da lógica neoliberal, em que as pessoas precisam acreditar que podem consumir de maneira ilimitada, as crianças não mais são preparadas para as frustrações inerentes à vida em sociedade, na medida em que crescem sem a consciência da existência de limites necessários à vida em comum. Tornam-se, na melhor das hipóteses, pessoas perversas, ou na pior, psicóticas. Psicóticos quando não reconhecem limites e, por essa razão, partem ao ato socialmente vedado. Perversos por terem consciência da existência e, mesmo assim, gozarem diante da violação dos limites. Mas, não é só. Essa nova economia psíquica revela uma posição de antagonismo entre a família e a sociedade. A sociedade passa a ser vista pela família como uma ameaça. A criança está autorizada pela família a permanecer criança e para sempre protegida, não precisando renunciar à onipotência infantil e a se separar dos pais. Essa nova forma de subjetividade relaciona-se com um processo de dessimbolização, típico de um mundo sem limites, e com a autorização para o ódio, consequência da incapacidade do neossujeito de estabelecer laços sociais.

Mas analisar a família típica da sociedade pós-democrática exige necessariamente atentar para o "terceiro pai".[5] Os meios de comunicação, em especial a televisão, mas também os smartphones, criam o que Dany-Robert Dufour chama de "família virtual", que vem se somar à família tradicional, além de condicionar o seu funcionamento. A televisão que ocupa o espaço doméstico, inclusive o quarto dos filhos (que a utilizam sem qualquer controle sobre o conteúdo da programação), enfraquece, ainda mais, os papéis dos pais ao transmitir valores às crianças. Torna-se, por um lado, uma "prótese do pensamento" (Marcia Tiburi), que autoriza tanto aos filhos quanto aos pais a não pensar e não estimular o pensamento, por outro, um "pai" para as crianças, "educando-as", e o melhor amigo dos verdadeiros pais.

A escola também se aproxima do projeto neoliberal, ou melhor, passa a funcionar a partir da racionalidade que leva à pós-democracia. A escola nunca foi uma instituição neutra, capaz de transmitir um patrimônio cultural neutro pertencente a toda sociedade. Nunca existiu uma "escola sem partido", como querem afirmar os neoconservadores (na realidade, a "escola sem

---

5. Expressão utilizada em relatório ao Senado francês, em 26/6/2002, pela comissão de investigação sobre a delinquência de menores. Disponível em <www.senat.fr/rap/r01-340-1/r01-340-10.html>.

partido" desejada pelos neoconservadores seria aquela que transmite apenas o pensamento neoconservador). A escola, em certa medida, sempre exerceu a função de reprodução da estrutura social e de uma determinada cultura. Por evidente, em uma sociedade marcada por distintas classes sociais, não existe "uma cultura", mas diferentes culturas em disputa. Assim, a cultura transmitida pela escola é sempre uma opção política relacionada com o que se espera da sociedade. Todavia, na pós-democracia, a escola tornou-se escancaradamente um espaço destinado à construção de indivíduos adequados à sociedade de mercado.

A constatação de que não existe uma objetividade na transmissão de conhecimento nem uma funcionalidade mistificadora da escola levou alguns a demonizarem tanto a escola quanto o sistema de ensino, como uma espécie de prisão ou um instrumento necessariamente voltado à dominação, ignorando por completo o potencial libertador da educação e a necessidade da escola na formação de laços sociais. Em tempos pós-democráticos, os alunos, seguindo a lógica neoliberal, desconsideram o saber e desconfiam dos professores, percebidos como inimigos, estrangeiros ou concorrentes. Em síntese apertada, escolas e universidades não ajudam a construir uma cultura democrática, com os alunos formados a partir da ideia de uma educação neoliberal, sem preocupação com disciplinas "humanas", em especial sem a essência do conhecimento histórico. Alunos que são obrigados a estudar "módulos" isolados, ou seja, a receber um conhecimento compartimentado que parece despido de qualquer utilidade, tendem a se tornar indivíduos incapazes de refletir. Os alunos são ensinados a analisar documentos, mas não estimulados a ler; encorajados, por vezes, a sentir empatia pelas vítimas do holocausto, mas não a refletir sobre as razões e as condições em que se deu a barbárie.

Por fim, para além das repercussões econômicas, religiosas, familiares e do sistema de ensino, pode-se afirmar que a sociedade sem lei, a sociedade construída pela racionalidade neoliberal, é o resultado de uma nova economia psíquica. Pessoas sem limites, uma vez agrupadas, produzem uma sociedade sem lei.

Pessoas, condicionadas pela racionalidade neoliberal, pelas corporações multinacionais que controlam dos alimentos às roupas, das músicas aos esportes, pelos atores sociais prestigiados por grupo financeiros, tornam-se alienadas, quase inteiramente reificadas.[6] Pessoas que pensam e agem como "empresários de si", que têm o mercado como modelo para os relacionamentos pessoais. Pessoas que se imaginam livres, imunes à regulamentação moral, mas que estão submetidas a um único mandamento (o mandamento que permite o

---

6. Nesse sentido, ver Bergounioux, 2006.

neoliberalismo): gozem! Pessoas autorizadas a consumir e a fazer o que quiserem, desde que atendam aos fins do neoliberalismo.

A razão neoliberal levou a modificações na vida social: deu-se o desaparecimento daquilo que antes era considerado norma comum, daquilo que existia fora e também dentro de cada um (e que era transmitido pela tradição). Se antes, a partir de Kant, se acreditava que o homem não poderia mais ser tratado como meio à obtenção de qualquer fim, hoje, o homem não só volta a ser instrumentalizado como também volta a ser considerado negociável. Os direitos e garantias fundamentais deixam de ser concebidos como obstáculos intransponíveis ao arbítrio e à opressão para serem tratados como óbices facilmente removíveis à repressão do Estado (uma vez que cabe ao Estado controlar e excluir aqueles que não interessam à luz da razão neoliberal) e aos interesses do mercado.

O indivíduo passa a desconsiderar as normas transcendentes, que permitiam à sociedade se apresentar como uma unidade, e busca encontrar uma norma que atenda a seus próprios interesses. Em outras palavras, o sujeito da pós-democracia abandona o registro simbólico, desconsidera a lei, e passa a atuar de maneira paranoica a partir do seu próprio imaginário, da imagem que tem da lei necessária ao seu próprio interesse.

O abandono do registro simbólico e a perda da importância da lei não significam que o sujeito da pós-democracia se libertou de todos os controles e das coações. O sujeito sem limites, que se vê como uma "empresa de si", o trabalhador que se sente um empresário e realmente acredita ter se libertado das coações externas e das determinações de terceiros, "submete-se a coações internas e a coações próprias sob a forma de uma coação ao rendimento e à otimização".[7] A pessoa tem que trabalhar mais, ganhar mais dinheiro, consumir mais, gozar mais etc. A racionalidade neoliberal explora até a liberdade do sujeito (a emoção, a comunicação etc.). Em outras palavras, a pessoa é levada a se autoexplorar, permitindo assim que outros lucrem com a sua liberdade.

Tem-se na pós-democracia o reino dos idiotas. Pessoas que acreditam ser livres, mas não o são. De um lado, a mercantilização chega a toda a parte e a cada espaço, antes intocável, do ser. O mercado se estendeu em escala microscópica a toda sociedade. Até a liberdade e o útero, hoje, podem ser negociados. Pensem nas "delações premiadas" e nas "barrigas de aluguel". Por outro, as pessoas só pensam a partir do próprio interesse na sociedade de mercado. As pessoas tornaram-se egoístas. Egoísta e idiota são conceitos que se aproxi-

---
7. Han, 2015, p. 11.

mam, embora a racionalidade neoliberal tenha levado à superação do desvalor historicamente atribuído a essas palavras. Ou melhor, o egoísmo tornou-se uma virtude à luz da racionalidade neoliberal.

Sabe-se que na Grécia antiga as pessoas que se negavam a pensar e agir a partir da ideia de bem comum eram chamadas de *idiótes* (indivíduos ou particulares). Para os gregos, eram idiotas aqueles que agiam sem limites em interesse próprio, sem pensar nos outros. Hoje, o egoísmo é celebrado como a virtude que permite o enriquecimento. A razão neoliberal e a sociedade de mercado transformaram todos em idiotas, pessoas capazes de usar e eliminar outras pessoas, bem como de destruir o planeta, em nome de ganhos pessoais e do desejo de enriquecimento.

6. Empobrecimento subjetivo

Os discursos de ódio, a dificuldade de interpretar um texto, o desaparecimento das metáforas, a incompreensão das ironias, a divulgação de notícias falsas (ou manipuladas) e o desrespeito à Constituição são fenômenos que podem ser explicados a partir de uma única causa: o empobrecimento subjetivo. Empobrecimento que se dá na linguagem. Alguns chegam a falar na "arte de reduzir cabeças", outros, no encolhimento das mentes.

A linguagem, e isso já foi dito antes, sempre antecipa sentidos. Uma linguagem empobrecida antecipa sentidos empobrecidos, estruturalmente violentos, pois se fecham à alteridade, às nuances e à negatividade que é constitutiva do mundo e se faz presente em toda percepção da complexidade. Os significantes passam a ser manipuláveis com muito mais facilidade. Sentidos empobrecidos que não se prestam à reflexão e que são funcionais à manutenção das coisas como estão.

A linguagem empobrecida é resultado e atende à razão neoliberal, a esse modo de ver e atuar no mundo que transforma (e trata) a tudo e a todos como mercadorias, como objetos que podem ser negociados. A lógica das mercadorias esconde o negativo e o complexo enquanto apresenta discursos que mostram as coisas existentes como pura positividade e simplicidade. Não é por acaso que para atender ao projeto neoliberal – que poderíamos resumir como a liberdade total voltada apenas para alcançar o lucro e aumentar o capital – cria-se uma oposição à mentalidade subjetiva, apaixonada, imaginativa e sensível. Segundo o mantra neoliberal, não há que se sensibilizar com a violação de direitos fundamentais diante dos interesses do mercado e da circulação do capital. Há uma recusa a qualquer compaixão ou empatia. A proposta é que se esqueça como lidar e reagir ao sofrimento e à dor.

Na era do empobrecimento da linguagem, não há espaço para a negatividade que é condição de possibilidade tanto da dialética quanto da hermenêutica mais sofisticada. Tudo se apresenta como simples para evitar conflitos, dúvidas e perspectivas de transformação. Aposta-se em explicações hipersimplistas de eventos humanos, o que faz com que sejam interditadas as pesquisas, ideias e observações necessárias para um enfoque e uma compreensão necessária dos fenômenos.

Correlata a essa "simplificação" da realidade, há a disposição de pensar mediante categorias rígidas. A população é levada a recorrer ao pensamento estereotipado – fundamentado com frequência em preconceitos aceitos como premissas – que faz com que não haja necessidade de se esforçar para compreender a realidade em toda a sua complexidade. Quem se afasta do pensamento raso e dos slogans argumentativos, e assim coloca em dúvida as certezas que se originam da adequação aos preconceitos, torna-se um inimigo a ser abatido, isso se antes não for cooptado. Neste sentido, pode-se falar que o empobrecimento da linguagem gera o ódio direcionado a quem contraria essas certezas e desvela os correlatos preconceitos.

É também o empobrecimento da linguagem que reforça a dimensão domínio-submissão e leva à identificação com figuras de poder ("o poder sou Eu"). Pense-se em um juiz ou administrador lançado no empobrecimento da linguagem, não há teorias, dogmática, tradição ou lei que sirva de limite: a "lei" é "ele mesmo" a partir de suas convicções e de seu pensamento simplificado. Em outras palavras, o empobrecimento da linguagem abre caminho à afirmação desproporcional tanto da convicção e de certezas delirantes quanto dos valores "força" e "dureza". Razão pela qual pessoas lançadas na linguagem empobrecida sempre optem por respostas de força em detrimento de respostas baseadas na compreensão dos fenômenos e no conhecimento. Essa ênfase na força e na dureza leva ao anti-intelectualismo e à negação de análises minimamente sofisticadas, afinal é importante afastar qualquer pessoa em posição de desvelar a ignorância e demonstrar a inefetividade do uso da força em determinadas situações.

Hoje, aposta-se na força, mas também na desregulamentação egoísta capaz de levar ao consumo indiscriminado em detrimento das regulamentações morais. Os meios de comunicação de massa e outros instrumentos de propagação da racionalidade neoliberal levaram à demonização da imaginação transcendental e do pensamento crítico. Mas não é só. A preocupação ética com a educação, com a formação de pessoas comprometidas com a democracia e outros valores necessários à vida digna em comum, foi substituída por um convite à violação das leis que fundavam o laço social: um chamamento à transgressão e mesmo ao uso da violência como forma de valorizar e alcançar os próprios interesses. Não é por acaso que o discurso que recusa a transmissão na escola ("a escola é uma prisão") é contemporâneo ao discurso da autonomia na empresa. Os estudantes, que condicionados pela razão neoliberal já se percebem como empresários de si e preocupados exclusivamente com seus interesses individuais, se negam a escutar o outro (os professores), pessoas estigmatizadas não só por serem diferentes (de outra geração) e por deterem um conhecimento que hoje não é mais valorizado. Interessante perceber como as produções de autores críticos da educação como Michel Foucault, Gilles Deleuze e Pierre Bourdieu foram apropriadas, utilizadas e, em certo sentido, distorcidas, para atender aos interesses dos detentores do poder econômico. A ideia de que "a escola é uma prisão que impede a pessoa de ser ela mesma e de ser livre" acabou por ser utilizada para demonizar o próprio saber (reduzido a mero instrumento de poder) e valorizar apenas aquilo que o interesse individual egoisticamente considera útil.

Parece legítimo sustentar que o esvaziamento subjetivo necessário à pós-democracia, e que gera a sociedade sem lei, está intimamente ligado à questão da educação. A perda da importância da escola e do saber está relacionada ao processo de dessimbolização que enfraquece a função da lei e dos limites necessários à vida em sociedade. Não só em razão da baixa qualidade do que é produzido nesse campo, mas também pelo engenhoso uso que se faz de teses e teorias pensadas para usos distintos daqueles que atendem à racionalidade neoliberal. Foucault e Bourdieu, autores que chegaram a pensar o neoliberalismo, dificilmente aceitariam as leituras neoliberais que hoje são produzidas a partir de seus textos.

No Brasil, não é de hoje que a "inteligência" acaba cooptada ou apropriada pelos detentores do poder econômico. Por exemplo, o uso que se fez do conceito de "patrimonialismo" desenvolvido por Sérgio Buarque de Holanda e Raimundo Faoro, elevado a "principal problema do Brasil", como bem identificou Jesse Souza, serviu para velar os efeitos perversos da escravidão e da desigualdade sobre a sociedade brasileira, em especial a naturalização da hierarquização entre as pessoas e a correlata crença de que um ser humano é negociável e dispensável.

A razão neoliberal se sustenta diante da hegemonia do vazio do pensamento expressa no visível empobrecimento da linguagem, da ausência de reflexão e de uma percepção democrática de baixíssima intensidade. Qualquer processo reflexivo ou menção aos valores democráticos representam uma ameaça a esse projeto de mercantilização do mundo. Não por acaso, a razão neoliberal levou à substituição do sujeito crítico kantiano pelo consumidor acrítico, do sujeito responsável por suas atitudes pelo "a-sujeito" que protagoniza a banalidade do mal, que é incapaz de refletir sobre as consequências de seus atos.

Pode-se, então, identificar a sociedade que atende à razão neoliberal como uma sociedade do pensamento ultrassimplificado. A exigência de simplificação tornou-se verdadeiro fetiche e um tema totalizante. Em toda perspectiva totalizante há tendência à barbárie: aos que não cederem ao pensamento simplificado, reserva-se a exclusão e, no extremo, a eliminação.

As coisas se tornam simples ao se eliminar qualquer elemento ou nuance capaz de levar à reflexão. A simplicidade neoliberal exige que sejam excluídas toda negatividade e diferença que não possam ser objeto de exploração comercial, fazendo com que a coisa se torne rasa, plana e incontroversa, para que se encaixe sem resistência ao projeto neoliberal. A simplicidade leva a ações operacionais, no interesse do capital, que se subordinam a um governo passível de cálculo e controle.

A simplicidade se afasta da verdade e mostra-se compatível com a informação (também simplificada). A verdade, por definição, é complexa, formada de positividades e negatividades, a ponto de não ser apreensível por meio de atividade humana. A verdade nunca é meramente expositiva. A informação é construída e manipulada segundo a lógica das mercadorias. A informação simplificada recorre aos preconceitos e às convicções dos destinatários para se tornar atrativa e ser consumida.

Da mesma maneira, a simplicidade neoliberal também impede o diálogo, que exige abertura às diferenças, para insistir em discursos adequados ao pensamento estereotipado e simplificador, verdadeiros monólogos, por vezes vendidos como "debates". O ideal de comunicação na era da simplificação neoliberal parte do paradigma do amor ao igual. A comunicação ideal seria aquela entre iguais, na qual o igual responde ao igual e, então, se gera uma reação em cadeia do igual. A diferença, nesse contexto, só é aceita nos limites em que pode ser transformada em mercadoria.

É esse amor ao igual – avesso a qualquer resistência do outro, o que só é possível diante da linguagem empobrecida – que explica o ódio ao diferente, a quem se coloca contra esse projeto totalizante e a essa reação em cadeia do igual. Vale lembrar que Freud já identificava nos casos de paranoia um amor ao igual que não era reconhecido e se tornava insuportável a quem amava. Esse ódio, que nasce do amor ao igual e da comodidade gerada pelo pensamento simplificador, direciona-se à alteridade que retarda a velocidade e a operacionalidade da comunicação entre iguais, coloca em questão as certezas e desestabiliza o sistema. Quem ousa ser diferente (e refletir para além do pensamento simplificador autorizado), deve ser eliminado, simbólica ou fisicamente.

7. Educação contra Auschwitz

Em 18 de abril de 1965, em uma palestra transmitida pela rádio de Hanssen, e posteriormente publicada em 1967, Theodor Adorno desenvolveu as ideias de *Educação após Auschwitz* para reforçar a exigência de que a principal meta da educação, de qualquer projeto educacional, seja evitar que o holocausto se repita. Evitar Auschwitz passa necessariamente por uma educação que reforce a consciência na necessidade de limites ao poder e, ao mesmo tempo, possibilite a libertação das mais variadas opressões.

O simples fato de que hoje, no Brasil e em grande parte do mundo, o exemplo de Auschwitz não seja levado a sério, o que faz com que grande parcela da população brasileira aplauda a violação dos direitos fundamentais e dos demais limites constitucionais ao exercício do poder, de qualquer poder, é um forte sintoma de que a possibilidade da repetição da barbárie persiste.

Em relação ao ensino sobre direitos humanos e democracia não é diferente, pois todo esforço para ensinar, todo projeto de ensino, é irrelevante frente à exigência de que o holocausto não se repita. Como escreveu Adorno, "Auschwitz foi a barbárie contra a qual toda a educação se dirige".[1] Por evidente, o risco de recaída existe, até porque persistem (ou, ao menos, retornaram) as condições objetivas (sociais e políticas) que permitiram tanto a racionalização de mortes, com a planificação dos assassinatos e a objetivação dos inimigos (reais ou imaginários), quanto que pessoas se tornassem a-sujeitos, isto é, que indivíduos, consciente ou inconscientemente, se demitissem da condição (e correlata responsabilidade) de sujeitos.

O projeto capitalista, que em sua feição neoliberal transforma tudo (e todos) em objetos negociáveis, já demonstrou sua tendência à produção do anticivilizatório. Guerras e outras crises produzidas para gerar lucros são o exemplo mais explícito (poder-se-ia dizer: pornográfico) da chamada "doutrina do choque", que une o projeto neoliberal à destruição). Hoje, com a

---

1. Adorno, 2009a, p. 599.

elevação da razão neoliberal à nova razão de mundo[2] e a correlata demonização do "comum" (basta pensar na criminalização da política e do Estado, ao mesmo tempo que se cria uma visão idealizada do mercado, como o reino das virtudes), a possibilidade de mudar os pressupostos sociais e políticos está muito limitada, razão pela qual a função da educação, como instrumento capaz de formar sujeitos e ressignificar o mundo, assume fundamental importância. Educação, para direitos inclusive, voltada para o sujeito, razão pela qual a educação só tem sentido como educação para a autorreflexão crítica.

Auschwitz é uma metáfora para dar conta da violação dos limites, da destruição dos direitos, da barbárie que nos tornam menos humanos.

Pode-se afirmar, em apertada síntese, que o Estado capitalista, para sobreviver, exigiu em diferentes quadras históricas o Estado Liberal de Direito, o Estado Social de Direito, o Estado Fascista, o Estado Democrático de Direito e, agora, o Estado Pós-Democrático.

Para tornar-se hegemônico e superar definitivamente o Estado Absolutista, o projeto capitalista exigiu um Estado regulado por leis, em que prevalecia a ideia de separação entre Estado e sociedade civil. Por sociedade civil entendia-se o *locus* da atividade mercantil,

---

2. Nesse sentido, ver Dardot; Laval, 2016.

um espaço vedado ao Estado, no qual a propriedade e a liberdade eram compreendidas como os dois principais direitos do indivíduo. A liberdade era, então, entendida como autonomia para adquirir e possuir, sem entraves, e o significante "democrático" aparecia para frisar uma oposição em relação ao princípio monárquico do Estado Absolutista.

Com o agravamento da situação econômica de grande parcela da população, o aprofundamento dos conflitos sociais e a ameaça corporificada nas experiências socialistas, somados à perda da confiança no funcionamento concreto da "mão invisível" e das "leis naturais" do mercado, o Estado de Direito Liberal foi gradualmente substituído por um Estado Social de Direito que nasce como uma solução de compromisso entre os defensores do *status quo* e os que lutavam por transformações sociais. Têm razão os que apontam o efeito mistificador e ideológico do Estado Social, que se revelou capaz de frear os ímpetos dos movimentos revolucionários e os protestos das classes não capitalistas. Como afirma Avelãs Nunes, tratou-se da primeira tentativa de substituir a "mão invisível" da economia pela "mão invisível do direito".

No modelo do Estado Social de Direito, em que se percebe certa prevalência do político sobre o econômico, o Estado assume a função de realizar a "justiça social", assegurar o pleno desenvolvimento de cada um e concretizar o projeto de vida digna para todos (princípio da dignidade da pessoa humana). Porém, como reação ao Estado Social, em um quadro de crise econômica profunda, no qual a debilidade da economia nos países capitalistas não permitia minimamente a realização das promessas estatais, com os detentores do poder econômico sedentos por aumentar os seus lucros, o projeto capitalista teve que assumir a forma de um Estado Fascista, antidemocrático e antissocialista, que apostava no uso da força para manter a ordem e resolver problemas sociais.

O Estado Fascista era um Estado de Direito, mas o direito fascista não representava um limite ao arbítrio e à opressão. Com a derrota política e militar dos Estados Fascistas, o projeto capitalista retoma a aposta em um modelo de Estado marcado pela existência de limites ao exercício do poder, dentre os quais se destacam os direitos fundamentais. A aposta, porém, revelou-se contraproducente para os donos dos meios de produção, na medida em que os direitos fundamentais passaram a constituir obstáculos inclusive ao livre exercício do poder econômico. Com isso, a razão neoliberal, nova forma de governabilidade das economias e das sociedades baseada na generalização do mercado e na liberdade irrestrita do capital, levou à superação do Estado Democrático de Direito pelo que, hoje, se tem chamado Estado Pós-Democrático de Direito.

Da mesma maneira que o Estado Fascista representava a abertura que permitiu Auschwitz, a superação do Estado Democrático de Direito pelo Estado Pós-Democrático parece mais uma vez confirmar a tendência de a civilização produzir, e reforçar, o anticivilizatório. O que há de novo, e que permite afirmar o risco concreto do retorno da barbárie, não é a violação dos limites ao exercício do poder. Em razão da mercantilização do mundo, da sociedade do espetáculo, do despotismo do mercado, do narcisismo extremo, da reaproximação entre o poder político e o poder econômico e do crescimento do pensamento autoritário se perdeu qualquer pretensão de fazer valer esses limites, que hoje existem apenas como simulacro, como o totem que faz lembrar conquistas civilizatórias que já existiram, mas que não passam de lembranças que confortam. Mais do que a violação de limites, o que caracteriza a chamada pós-democracia é a total desconsideração, ou mesmo ausência, dos limites, que um dia foram pensados para o poder, e dos valores que caracterizavam a democracia.

O ganho democrático advindo com o Estado Moderno, nascido da separação entre o poder político e o poder econômico, desaparece na pós-democracia e, nesse particular, pode-se falar em uma espécie de regressão pré-moderna, uma regressão que facilita o retorno a Auschwitz. Está em vigência uma espécie de absolutismo de mercado, no qual a coisificação e o massacre planificado de pessoas não são opções descartadas.

Pós-democrático, para dar nome à hipótese de que o Estado Democrático de Direito foi superado por um Estado sem limites ao exercício do poder, é uma forma de dizer que o risco de Auschwitz é concreto. De fato, o Estado "pós-democrático" é compatível com o neoliberalismo, com a transformação de tudo em mercadoria, inclusive os cadáveres. Um Estado que, para atender ao ultraliberalismo econômico, necessita assumir a feição de Estado Penal: um Estado cada vez mais forte e voltado à consecução dos fins desejados pelos detentores do poder econômico, em especial, o controle daqueles que não interessam ao projeto neoliberal, os débeis contra quem sempre se dirige a fúria persecutória dos detentores do poder político. Fins que levam à exclusão social de grande parcela da sociedade, ao aumento da violência – não só da violência física, que cresce de forma avassaladora, como também da violência estrutural, produzida pelo próprio funcionamento "normal" do Estado Pós-Democrático –, à inviabilidade da agricultura familiar, à destruição da natureza e ao caos urbano.

Na pós-democracia, o político tornou-se, como desejava Carl Schmitt (não por acaso, um dos principais teóricos da mesma Alemanha nazista que produziu Auschwitz), em 1932, o mero espaço da dicotomia amigo e inimigo. Essa diferenciação política entre amigo e inimigo tem hoje a função de caracterizar o extremo grau de intensidade da adesão e funcionalidade à razão neoliberal. No Estado Pós-Democrático, a diferenciação exclusivamente política, já que desaparecem as funções que constituíam o "braço esquerdo" do Estado (tais como as políticas inclusivas e de redução da desigualdade), é a diferenciação entre "amigo" do mercado e "inimigo" do mercado, este último será o indivíduo indesejável sobre o qual recairá o poder penal.

O Estado Pós-Democrático, propício a Auschwitz, assume-se como corporativo e monetarista, com protagonismo das grandes corporações (com destaque para as corporações financeiras) na tomada das decisões de governo. Um governo que se põe abertamente a serviço do mercado, da geração de lucro e dos interesses dos detentores do poder econômico, o que faz com que desapareça a perspectiva de reduzir a desigualdade, enquanto a "liberdade" passa a ser entendida como a liberdade para ampliar as condições de acumulação do capital e a geração de lucros. Na pós-democracia, a liberdade intocável é apenas a que garante a propriedade privada, a manutenção de "próteses de pensamento"[3] (televisores, smartphones etc.) capazes de substituir cidadãos por consumidores acríticos, a acumulação de

---

3. Sobre o tema, ver Tiburi, 2011.

bens, os interesses das grandes corporações e a circulação do capital financeiro.

Hoje, a democracia defendida pelos detentores do poder econômico tornou-se vazia de significado, o que a aproxima do "vazio do pensamento" inerente aos modelos em que o autoritarismo acaba naturalizado, tal qual aqueles em que se deu a planificação dos assassinatos de judeus. Não por acaso, tal como o fascismo clássico, a racionalidade neoliberal levou a um estágio mais autêntico e puro do capitalismo, sem direitos democráticos nem resistência, próprio de uma época em que as forças empresariais e financeiras, maiores e mais agressivas do que em qualquer outra época, normatizaram seu poder político em todas as frentes possíveis.

O risco de uma nova Auschwitz aumenta ao se perceber que também desaparece qualquer esforço dos agentes estatais no sentido da concretização dos direitos e garantias fundamentais. A dimensão material da democracia deixa de ser uma preocupação do Estado, em especial porque o respeito aos direitos e garantias fundamentais se choca com os interesses dos detentores do poder econômico. Na pós-democracia, como em Auschwitz, não existem obstáculos ao exercício do poder: os direitos e garantias fundamentais também são vistos como objetos negociáveis, descartáveis, mercadorias de pouco valor que alguns decidem como usar ou descartar. Mais uma vez, se está diante de um quadro em que aos indesejáveis (antes, os judeus, hoje, os que não interessam ao funcionamento do mercado e ao lucro das corporações) resta o controle (e extermínio) planificado.

A importância da educação que tenha por meta que Auschwitz não se repita, que reforce os limites constitucionais/democráticos ao exercício do poder, salta aos olhos ao se perceber que o Poder Judiciário, na atual quadra histórica, deixou de ser o garantidor dos direitos fundamentais (função que deveria exercer mesmo que para isso fosse necessário decidir contra maiorias de ocasião), para assumir a função política de regulador das expectativas do mercado e instrumento de controle dos indesejáveis. Por um lado, a pós-democracia induz à produção massificada de decisões judiciais, a partir do uso de modelos padronizados, chavões argumentativos e discursos de fundamentação prévia (fundamentações que já existem antes mesmo da decisão e que se revelam distanciadas da facticidade inerente ao caso concreto), tudo como forma de aumentar a produtividade, agradar parcela dos consumidores, estabilizar o mercado (leia-se: proteger os lucros dos detentores do poder econômico), exercer o controle social da população e facilitar a acumulação.

Essa lógica eficientista, que pessoas como Adolf Eichmann dominavam muito bem, atende a critérios contábeis e financeiros. Nela a busca de efeitos adequados à razão instrumental afasta qualquer pretensão da atividade estatal voltar-se à realização dos direitos e garantias fundamentais (efetividade constitucional), e acaba incorporada pelos atores sociais, não só por questões ideológicas, mas também como fórmula para assegurar vantagens nas respectivas carreiras.

Atores jurídicos que não seguem a lógica do mercado nem atuam a partir de uma subjetivação contábil e financeira, não raro, enfrentam perseguições ideológicas através de processos nas corregedorias e dificuldades para promoções. De outro, o Poder Judiciário passa a gerir/dirigir julgamentos que passam a seguir a lógica própria aos espetáculos, voltados à satisfação dos espectadores (também consumidores) do sistema de justiça, tal qual Leni Riefenstahl fazia com seus filmes. No espetáculo, como mercadoria, não há espaço para nada a não ser agradar ao consumidor.

Tanto na hipótese da produção massificada de decisões (em que não há espaço para controles finos acerca da justeza das decisões) quanto na dos processos-espetáculos (em que o importante é agradar aos espectadores), os direitos fundamentais (que, desde Auschwitz, serviam como gramática positivada dos direitos humanos e estratégia de realização da dignidade da pessoa humana) tornam-se descartáveis, tais como qualquer outra mercadoria, tal como a vida de milhares de judeus nos campos de concentração.

Em espetáculos para audiências autoritárias (e a sociedade brasileira está inserida em uma tradição autoritária, que se materializa na crença no uso da força e na naturalização da hierarquização entre as pessoas, resultado – nunca elaborado – da escravidão), os direitos fundamentais passam a ser demonizados (isso, em grande parte, com o auxílio dos meios de comunicação de massa que constroem a imagem da "boa justiça" associada à repressão e uso da força em detrimento do conhecimento e das práticas restaurativas), enquanto os discursos e práticas autoritárias tornam-se mercadorias atrativas.

Como em Auschwitz, mais uma vez, desaparece o valor "justiça", a palavra subsiste para nomear algo que não passa de um produto, de uma mercadoria sem forma ou conteúdo estável, sem conexão com projeto constitucional de vida digna para todos. Mercadoria oferecida por mercadores especializados, que moldam a "justiça" ao gosto da opinião pública (a opinião do auditório em que se encontram os consumidores, com suas necessidades reais e artificiais), mesmo que para isso seja necessário suprimir direitos ou reforçar preconceitos e perversões.

O ensino voltado à população, que exigiria uma verdadeira educação voltada à construção de uma cultura democrática para toda a sociedade, mostra-se fundamental para evitar a barbárie se tiver por meta impedir que Auschwitz se repita e, por outro lado, inútil ou prejudicial à democracia se voltada a conferir status e prestígio aos indivíduos, produzir fórmulas de sucesso individual ou contentar-se em fornecer mão de obra ao estamento.

Um ensino que seja transdisciplinar e leve à autorreflexão crítica, capaz de desvelar as funcionalidades ocultas das práticas naturalizadas e superar a ausência e a manipulação das informações, a ignorância e a confusão que marcam o pensamento autoritário, os discursos prontos e etiquetadores, o ideal fascista de "dureza", dentre outras distorções que permitiram Auschwitz. Enfim, um ensino capaz de fornecer mecanismos e despertar uma consciência que impeça os caminhos que levaram (e, hoje, voltam a levar) muitas pessoas a descarregar irrefletidamente seu ódio, suas frustrações e sua agressividade contra outras pessoas.

Uma educação voltada para toda a sociedade, por sua vez, passa por reforçar a ideia de uma educação, desde a infância, para a democracia, com informação acerca dos direitos e garantias fundamentais, bem como pela construção de um "clima espiritual, cultural e social que não consinta na repetição" de Auschwitz, "um clima em que se possa tomar consciência dos motivos que conduziram ao terror".[4]

---

4. Adorno, 2009a, p. 609.

Se a pós-democracia, momento que se mostra favorável ao retorno da barbárie, caracteriza-se pela ausência de limites ao exercício do poder, de qualquer poder (econômico, político, jurisdicional etc.) e pelo desaparecimento dos valores democráticos, uma educação para a democracia exige o resgate da importância desses valores, por definição, inegociáveis, e pelo restabelecimento dos limites constitucionais aos abusos e arbítrios. Limites que foram criados e, por certo tempo, funcionaram como instrumentos para evitar Auschwitz. Uma educação para a democracia deve ser, portanto, capaz de desvelar os mecanismos que naturalizam as mais diversas opressões e afastar os obstáculos que bloqueiam a consciência das opressões e dos riscos inerentes ao afastamento (o que alguns hipócritas chamam de "relativização") dos direitos fundamentais. Mesmo que se admita que não é possível dissolver os mecanismos inconscientes que levam às práticas autoritárias, a educação pode, ao menos, "reforçar no pré-consciente certas contrainstâncias e ajudar a criar um clima desfavorável ao extremo".[5] Para além de fornecer uma sólida compreensão de como se chegou a Auschwitz, uma educação para a democracia precisa fornecer elementos para a construção de uma história diferente capaz de competir com o sadismo, o militarismo, o nacionalismo e o corporativismo.

---

5. Ibidem, p. 611.

Para evitar Auschwitz, a educação deve se transformar em uma educação de resistência, o ensino, desde o fundamental até as faculdades deve se assumir como um ensino de resistência à barbárie e construir uma cultura de respeito aos limites constitucionais, em especial aos direitos e garantias fundamentais. Uma educação contra Auschwitz só será adequada a evitar o retorno do horror se ajudar a construir uma cultura democrática capaz de impedir que os indivíduos continuem a destruir ou permitam a destruição do outro sem ter consciência de que, ao destruir o outro, acabam por destruir a si mesmos e perder sua própria dignidade.

Hoje, a lição de Auschwitz foi esquecida. Pode-se, inclusive, apontar que a tendência dos novos modelos educacionais é propiciar novas barbáries. Aposta-se, mais uma vez, em um modelo de educação que aponta para o vazio do pensamento. Doutrinam-se pessoas para que naturalizem a ausência de limites do mercado e a ampliação ilimitada do capital. Desde pequenas, as pessoas são educadas para acatar o desejo dos que se apresentam como mais fortes, em uma representação na qual ratos são apresentados como leões.

Nos Estados Unidos da América, chegou-se, como denuncia Noam Chomsky, a modificar a estrutura física das universidades para dificultar a existência de locais onde os estudantes pudessem debater, discursar ou incentivar manifestações coletivas. Mas, não é só.

A falta de investimentos nas universidades públicas, o alto valor e a baixa qualidade das universidades privadas, bem como o remanejamento de dinheiro público para faculdades privadas também integram o projeto de educar para a barbárie.

Nos ensinos fundamental e médio verifica-se a tendência de restringir a capacidade criativa dos alunos e professores enquanto se incentiva o desenvolvimento de técnicas e habilidades meramente mecânicas. Uma educação que constrói a convicção de que o principal objetivo de cada um é o êxito pessoal. Com isso, além do ataque à imaginação e à criatividade, pretende-se cercear as possibilidades de independência, solidariedade e pensamento crítico. Os alunos são "ensinados" a passar em provas e a concorrer com os colegas transformados em adversários na disputa pelo "topo do mundo".

Dentro do objetivo, adequado à racionalidade neoliberal, de manter a maioria submetida aos desejos e interesses de uma minoria de super-ricos (com pobres defendendo, sem entender, pautas contrárias aos seus interesses), surgiram projetos educacionais descolados das necessidades da população brasileira e com potencial de produzir uma subjetividade para a barbárie. Modelos de ensino que tendem a demonizar o pensamento crítico e qualquer ferramenta teórica capaz de justificar um outro mundo possível.

Por um dever ético em relação às vítimas de Auschwitz, impõe-se a construção de um projeto educacional que reforce os limites e valores democráticos, produzindo uma subjetividade avessa à barbárie.

8. A personalidade autoritária em tempos de neoliberalismo

Em 1950, foram publicadas as conclusões da pesquisa conduzida por Theodor W. Adorno e outros pesquisadores, realizada nos Estados Unidos da América, logo após o fim da Segunda Guerra Mundial e a derrota dos fascistas, com o objetivo de verificar a presença naquele país de tendências antidemocráticas, mais precisamente de indivíduos potencialmente fascistas e vulneráveis à propaganda antidemocrática. Os dados produzidos na pesquisa, tanto quantitativos quanto qualitativos, não deixaram dúvida: a potencialidade antidemocrática da sociedade norte-americana já era um risco presente naquela oportunidade.

A hipótese deste livro é de que só é possível que uma minoria de muito-ricos domine uma maioria excluída dos lucros do mercado e das grandes corporações, se existir uma subjetividade acostumada com o uso da força, a relativização de direitos e que despreze o conhecimento. Em outras palavras, a dominação autoritária na pós-democracia exige uma subjetividade similar àquela existente na Alemanha nazista, na Itália fascista e nos Estados Unidos da América da década de 1950. Para comprovar essa hipótese, buscar-se-á, a partir dos caracteres da personalidade autoritária identificados por Adorno,[1] demonstrar que eventual potencialidade autoritária presente nos dias de hoje é um risco à democracia, entendida como um sistema de governo de todos e para todos.

A investigação segue a hipótese formulada por Adorno: as convicções políticas, econômicas e sociais de um indivíduo formam com frequência um padrão amplo e coerente, o que alguns chamam de "mentalidade" ou "espírito", e esse padrão é expressão de profundas tendências de sua personalidade. No caso da população que naturaliza a pós-democracia, a aposta era de que seria possível falar em tradição ou mentalidade antidemocrática, que vislumbra o conteúdo material da democracia, os direitos e garantias fundamentais dos indivíduos, como um obstáculo a ser afastado em nome da eficiência do Estado ou do mercado.

---

1. Idem, "Estudios sobre la personalidad autoritária", in _____, 2009b.

A PERSONALIDADE AUTORITÁRIA

Para identificar o espírito ou a mentalidade antidemocrática, a proposta é de que o leitor compare práticas, artigos, entrevistas e manifestações públicas com sintomas e características identificadas por Adorno em 1950 como tendencialmente antidemocráticos.

Em *Estudos sobre a personalidade autoritária*, Adorno identifica uma série de características que revelam uma disposição geral ao uso da força em detrimento do conhecimento e à violação dos valores historicamente relacionados à democracia. Na lista de Adorno estão:

a) **Convencionalismo**: aderência rígida aos valores da classe média, mesmo que em desconformidade com os direitos e garantias fundamentais escritos na Constituição da República. Assim, por exemplo, é possível encontrar na sociedade brasileira, notadamente na classe média, apoio ao linchamento de supostos infratores ou à violência policial. A subjetividade autoritária tende a pensar, atuar e julgar de acordo com a opinião média e a naturalizar esses fenômenos.

No Brasil, a sociedade foi lançada em uma tradição autoritária, forjada principalmente pelo fenômeno da escravidão, e acostumou-se, em especial após o Estado Novo de Vargas e a ditadura civil-militar instaurada em 1964, com o uso da violência em resposta aos mais variados problemas sociais. Atos como linchamentos e arbítrios policiais tornaram-se objeto de aplausos, e até de incentivo de parcela dos meios de comunicação de massa, passando a integrar o repertório de ações aceitas pela classe média, e, consequentemente, por pessoas tendencialmente antidemocráticas. Ao aderirem a esses valores autoritários, essas pessoas abandonam a natureza contramajoritária da defesa do conteúdo material da democracia, que exige o respeito aos direitos e garantias fundamentais mesmo contra a vontade de maiorias de ocasião, para atuar de acordo com a opinião média;

b) **Submissão autoritária**: atitude submissa e acrítica diante de autoridades idealizadas no próprio grupo. A pessoa autoritária tende a ser submissa àqueles a quem se considera inferior e a quem atribui uma autoridade moral idealizada.

Essa submissão acrítica faz com que a pessoa autoritária aplauda medidas tomadas por seus "superiores", mesmo que contrárias aos seus direitos, e reproduza acriticamente posturas daqueles tidos como do mesmo "grupo moral" a que considera pertencer. Assim, repudia ações que ampliam os espaços de liberdade e incorporam em seu repertório comportamental condutas que afastam direitos e garantias fundamentais;

c) **Agressão autoritária**: tendência a ser intolerante, estar alerta, condenar, repudiar e castigar pessoas que violem os valores "convencionais".

O indivíduo antidemocrático, da mesma forma em que é submisso às pessoas a que considera "superiores" (componente masoquista da personalidade autoritária), é agressivo com aquelas que etiqueta de inferiores ou diferentes (componente sádico). Como essa pessoa se revela incapaz de fazer qualquer crítica consistente dos valores convencionais, tende a repudiar e castigar severamente quem os viola, por ser incapaz de entender a razão pela qual esse valor foi questionado.

De igual sorte, não se pode descartar a hipótese de que a vida que esse indivíduo considera adequada, inclusive para si, é muito limitada, o que faz com que as pulsões sexuais e agressivas sejam reprimidas de tal forma que retornam na forma de violência contra todos aqueles que, por suas posturas, incitam sua ansiedade e o seu próprio medo de castigo.

Grosso modo, pode-se supor que o detentor de personalidade autoritária, convencido que alguém deve ser punido por exteriorizar posições que considera insuportáveis, expressa em sua conduta profissional, ainda que inconscientemente, seus impulsos agressivos mais profundos, enquanto tenta reforçar a crença de si como um ser absolutamente moral. Como é incapaz de atacar as autoridades do próprio grupo, em razão de sua confusão intelectual, torna-se também incapaz de identificar as causas tanto de sua frustração quanto da complexidade dos casos postos à sua apreciação, o indivíduo autoritário acaba por escolher um "bode expiatório", a partir de algo que poderia ser chamado de necessidade interna, e, não raro, dirigir sua agressão contra grupos minoritários ou àqueles que considera traidores do seu grupo;

d) **Anti-intracepção:** oposição à mentalidade subjetiva, imaginativa e sensível.

O indivíduo autoritário tende a ser impaciente e a ter atitude de oposição ao subjetivo e ao sensível, insistindo com metáforas e preocupações bélicas, desprezando análises que buscam compreender as motivações e dados subjetivos ao caso. Por vezes, a anti-intracepção se manifesta pela explicitação da recusa a qualquer compaixão ou empatia.

Segundo a hipótese de Adorno, o indivíduo anti-intraceptivo tem medo de pensar em fenômenos humanos e de ceder aos sentimentos, porque poderia acabar por "pensar os pensamentos equivocados" ou não controlar os seus sentimentos;

e) **Simplificação da realidade e pensamento estereotipado:** tendência a recorrer a explicações primitivas, hipersimplistas de eventos humanos, o que faz com que sejam interditadas as pesquisas, ideias e observações necessárias para um enfoque e uma compreensão necessária dos fenômenos.

Correlata a essa "simplificação" da realidade, há a disposição de pensar mediante categorias rígidas. O indivíduo autoritário tende a recorrer ao pensamento estereotipado – fundado com frequência em preconceitos aceitos como premissas – que faz com que não tenha a necessidade de se esforçar para compreender a realidade em toda a sua complexidade;

f) **Poder e "dureza"**: preocupação em reforçar a dimensão domínio-submissão somada à autoidentificação com figuras de poder ("o poder sou Eu").

A personalidade autoritária afirma desproporcionalmente os valores "força" e "dureza", razão pela qual opta sempre por respostas de força em detrimento às respostas embasadas na compreensão dos fenômenos e no conhecimento. Essa ênfase na força e na dureza leva ao anti-intelectualismo e à negação de análises minimamente sofisticadas.

Não é possível descartar a hipótese de que o indivíduo antidemocrático reafirma posições duras ("lei e ordem") como reflexo tanto de sua própria debilidade quanto da natureza das funções que ele é chamado a exercer. O indivíduo autoritário vê tudo em termos de categorias antagônicas como "forte-débil", "dominante-dominado", "herói-vilão" etc.;

g) **Destrutividade e cinismo:** hostilidade generalizada somada à desconsideração dos valores atrelados à ideia de dignidade humana.

Há um desprezo à humanidade de tal modo que o indivíduo antidemocrático exerce uma agressão racionalizada. Ou seja, o indivíduo antidemocrático busca justificação para as agressões, em especial quando acredita que a agressão seja aceita pelo grupo do qual participa;

h) **Projetividade:** disposição para crer que no mundo existem ameaças e ocorrem coisas selvagens e perigosas.

O indivíduo antidemocrático acredita que o mundo está sempre em perigo e que sua função, ainda que insuficiente, torna o mundo menos selvagem. Em suas ações, contudo, vislumbra-se a projeção de fortes impulsos emocionais inconscientes.

Deve-se admitir a hipótese de que os impulsos reprimidos de caráter autoritário do indivíduo antidemocrático tendem a projetar-se em outras pessoas, em relação às quais ele acaba por atribuir toda a culpa por pulsões e pensamentos que, na realidade, dizem respeito a ele. Se uma pessoa insiste em "demonizar" o outro (um morador de rua, por exemplo) atribuindo-lhe propósitos hostis, sem que existam provas de nada além dos fatos imputados, existem boas razões para acreditar que o indivíduo autoritário tem as mesmas intenções agressivas e está buscando justificá-las ou reforçar as defesas da instância repressiva pela via da projeção.

Da mesma maneira, deve-se assumir a possibilidade de que quanto maior for a preocupação com a "criminalidade organizada", o "aumento da corrupção" ou as "forças do mal", mais fortes serão os próprios impulsos inconscientes do indivíduo antidemocrático no âmbito da destrutividade e da corrupção;

i) **Preocupação com a sexualidade:** preocupação exagerada com o "sucesso" sexual e a sexualidade alheia.

O indivíduo antidemocrático tem medo de falhar no campo sexual e compensa suas inseguranças através de condutas que acredita reproduzirem a imagem do homem viril. Posturas duras e cruéis, por exemplo, procuram compensar a impotência e o medo de falhar. Não se pode descartar a hipótese de que mulheres autoritárias procuram reproduzir a imagem do "homem viril" como forma de se afastar do estereótipo do sexo frágil.

Assim, a partir de Adorno, pode-se dizer que a força das pulsões sexuais inconscientes do sujeito estão presentes na formação da personalidade autoritária;

j) **Criação de um inimigo imaginário:** o indivíduo antidemocrático, que trabalha com estereótipos e preconceitos distanciados da experiência e da realidade, acaba por fantasiar inimigos e riscos sem amparo em dados concretos.

Por meio de fantasias, marcadas por adesão acrítica aos estereótipos, prevalecem ideias de poder excessivo atribuído ao inimigo escolhido. A desproporção entre a debilidade social relativa ao objeto (por vezes, um pobre coitado morto de fome que comercializa drogas ilícitas em uma comunidade como meio de sobrevivência) e sua imaginária onipotência sinistra parece demonstrar que há um mecanismo projetivo em funcionamento.

No combate ao inimigo imaginário, com superpoderes igualmente imaginários, os sentimentos implicitamente antidemocráticos do indivíduo autoritário aparecem por meio de sua defesa discursiva da necessidade do afastamento das formas processuais e dos direitos e garantias fundamentais como condição à eliminação do inimigo e da ameaça;

k) O fiscal como juiz e a promiscuidade entre o acusador e o julgador: a confusão entre o fiscal/acusador e o juiz é uma característica historicamente ligada ao fenômeno da inquisição e à epistemologia processual autoritária.

No Brasil pós-democrático, todos querem exercer as funções do acusador e, ao mesmo, tempo julgar os outros.

A PERSONALIDADE AUTORITÁRIA

A hipótese é de que, no momento em que a pessoa autoritária, que se acha no direito de julgar a todos os outros, se confunde com a figura do acusador, em que passa a exercer funções típicas do acusador como tentar confirmar a hipótese acusatória, surge um julgamento preconceituoso, uma paródia de juízo, com o comprometimento da imparcialidade que atuaria como condição de legitimidade democrática do julgamento. Tem-se, então, o primado da hipótese sobre o fato. A verdade perde importância diante da "missão" do "juiz" de comprovar a hipótese acusatória ao qual está comprometido;

l) **Ignorância e confusão**: uma característica da personalidade autoritária é que ela se desenvolve no vazio do pensamento.

Assim, o indivíduo autoritário em suas manifestações deixa claras a ignorância e a confusão acerca de conceitos políticos, econômicos, culturais, criminológicos etc. A hipótese, nesse particular, é que se o indivíduo não sabe sobre o que se manifesta, razão pela qual substitui o conhecimento pela força em uma postura anti-intelectual, disfarçada de "senso prático" ("eu faço", "eu entendo porque sou eu que faço", "eu sei porque passei em um concurso" etc.), ele precisa preencher o vazio cognitivo com chavões, senso comum, preconceitos difundidos na classe média e estereótipos.

O pensamento estereotipado atua em favor de tendências reacionárias. Todo movimento e propaganda antidemocrática buscam o ignorante e, por vezes, alcançam também o "semiformado", aquele que tem uma formação "superior" e diplomas, mas é incapaz de reflexão porque não consegue articular as informações recebidas ou as desconsidera por achá-las desimportantes para suas metas individuais.

Impressiona, ainda hoje, o grau de ignorância e confusão observado em pessoas com nível educacional formal relativamente alto. Também não se pode descartar o fato de que a ignorância e a confusão, não raro, são incentivadas e produzidas pelos meios de comunicação de massa e pela propaganda, muitas vezes direcionadas a fins antidemocráticos ou pseudodemocráticos;

m) **Pensamento etiquetador:** o pensamento etiquetador é fenômeno conexo ao pensamento estereotipado.

O fundo de ignorância e confusão, mesmo que inconscientemente, gera um quadro de ansiedade, semelhante ao estranhamento e à ansiedade infantil, o que faz com que o indivíduo recorra a técnicas que afastem essa ansiedade e orientem a ação, mesmo que essas técnicas sejam grosseiras e falsas. Os estereótipos e as etiquetas, com os quais divide o mundo e as pessoas ("homem mau", "pessoas de bem", "petralha", "coxinha", "personalidade voltada para o crime" etc.), servem ao indivíduo como um substituto do conhecimento (ou uma forma de conhecimento precária e tendencialmente falha) que torna possível que ele tome decisões e posições de cunho antidemocráticas, uma vez que falta a informação que legitima as escolhas verdadeiramente democráticas.

A hipótese aqui é que o indivíduo antidemocrático recorre ao pensamento etiquetador para produzir em si a ilusão de segurança intelectual ou mesmo para buscar apoio popular no meio que também só pensa a partir de estereótipos e outras estratégias de simplificação da realidade;

n) **Pseudodemocracia**: a personalidade autoritária, por questões ligadas à ideologia, muitas vezes, caracteriza-se por recorrer a distorções de valores e categorias democráticas para alcançar resultados antidemocráticos.

Há, nesses casos, um descompasso entre o discurso oficial e a funcionalidade real. Isso ocorre, por exemplo, ao se defenderem práticas racistas em uma sociedade racista a partir da afirmação do princípio democrático da maioria ("se a maioria é racista, o racismo está legitimado"). A hipótese, portanto, é de que o indivíduo autoritário recorre ao argumento de estar atendendo às maiorias de ocasião, muitas vezes forjadas na desinformação, para violar direitos e garantias fundamentais.

Importante ter em mente que as características e sintomas descritos por Adorno, em regra, apresentam nexos entre si, mas se referem apenas a uma tendência. As conclusões sobre a aderência, ou não, de cada pessoa às características da personalidade tendencialmente fascista nos servem para refletir sobre a formação da subjetividade de nossa época e a responsabilidade dos atores sociais na defesa da democracia.

9. Fascismo e pós-democracia

Em *A Instituição negada*, Franco Basaglia resgata uma fábula oriental que conta a história de um homem que, enquanto dormia, teve a boca invadida por uma serpente que, após alojar-se no estômago, passou a controlar a vontade dessa pessoa. A liberdade desse infeliz desapareceu. O homem estava à mercê da serpente, que era a responsável por todos os seus atos. Um dia, o homem acorda e percebe que a serpente havia partido e que, novamente, era livre. Deu-se conta, então, que não sabia mais o que fazer da sua liberdade, que havia perdido a capacidade de desejar, de agir de maneira autônoma.

Basaglia recorre a essa fábula para concluir que "nesta sociedade, somos todos escravos da serpente, e se não tentarmos destruí-la ou vomitá-la, nunca veremos o tempo da reconquista do conteúdo humano de nossa vida". As diversas manifestações neofascistas e os microfascismos do dia a dia parecem confirmar a hipótese de Basaglia: não há razão para temer o ovo da serpente, pois a serpente já existe e está dentro de cada um de nós. Em outras palavras, há uma tradição autoritária, uma cultura (essa "segunda natureza" do sujeito, esse ser finito no tempo e no espaço, que nasce inacabado, incapaz de sobreviver sem ajuda), uma crença no uso da força em detrimento ao conhecimento, que coloca cada um na posição de fascista em potencial.

Este "fascismo potencial", aliás detectado e analisado na pesquisa relatada por Theodor W. Adorno em *Estudos sobre a personalidade autoritária*, que está presente no psiquismo de cada indivíduo, faz com que práticas fascistas sejam facilmente naturalizadas. Em que pese a existência de teóricos dispostos a dar aparência de racionalidade àquilo que é, em essência, irracional (basta pensar em "juristas" que "justificam" prisões desnecessárias ou mesmo instrumentais à coação de réus, o afastamento de garantias processuais, mandados de busca e apreensão coletivos, internações compulsórias como medidas higienistas etc.), o fascismo não necessita de racionalizações, uma vez que se refere a dados intuitivos e imediatos, que não dependem de reflexão (ao contrário, o fascismo se alimenta de dados que não suportam qualquer juízo crítico), e, portanto, aptos a serem incorporados por todos e, com mais facilidade, pelos mais ignorantes.

A aposta em recursos de força para solucionar os mais variados problemas sociais revela uma desconfiança. O fascista desconfia do conhecimento, tem ódio de quem demonstra saber algo que afronte ou se revele capaz de abalar suas crenças. Ignorância e confusão pautam sua postura na sociedade. O recurso a crenças irracionais ou antirracionais, a criação de inimigos imaginários (a transformação do "diferente" em inimigo), a confusão entre acusação e julgamento (o acusador – aquele indivíduo que aponta o dedo e atribui responsabilidade – que se transforma em juiz e o juiz que se torna acusador – o inquisidor pós-moderno) são sintomas do fascismo que poderiam ser superados se o sujeito estivesse aberto ao saber, ao diálogo que revela diversos saberes.

Ao lado do **ódio ao saber**, o fascista revela **medo da liberdade**. O fascista desconfia, não sabe como exercê-la (e não admite que outros saibam ou tentem), razão pela qual aceita abrir mão da liberdade (e querer o fim da liberdade alheia) para fundir-se com algo (um movimento, um grupo, uma Instituição etc.) ou alguém a fim de adquirir a força que acredita ser necessária para resolver seus problemas (e os problemas – reais ou imaginários – que vislumbra na sociedade).

O fascista apresenta compulsão à submissão e, ao mesmo tempo, à dominação (é um submisso, que demonstra dependência dos poderes ou das instituições externas, mas que, ao mesmo tempo, quer dominar terceiros e eliminar os diferentes), é um masoquista e um sádico, que não hesita em transformar o outro em mero objeto e goza ao vê-lo sofrer.

O fascismo possui uma ideologia de negação. Nega-se tudo. Negam-se as diferenças, as qualidades dos opositores, as conquistas históricas, a luta de classe e, como já se viu, o conhecimento. Isso, em certa medida, explica o fato de os fascistas apresentarem visões distorcidas da realidade. A ausência de reflexão faz com que o fascismo acabe percebido como algo natural, uma consequência necessária do Estado e da vida em sociedade. As práticas fascistas, então, são vistas como positividades em defesa da sociedade.

Os fascistas não costumam apresentar projetos consistentes, contentando-se em criticar e atacar os outros. Pode-se não saber ao certo o que desejam, mas é possível identificar o que eles não suportam: a democracia, entendida como um modelo em que os direitos fundamentais são universalizados, como um processo de educação para a liberdade e como um governo condicionado pela existência de limites ao exercício do poder.

Diante dos riscos do fascismo, e a partir da percepção de que o pensamento autoritário é fundamental à manutenção do Estado Pós-Democrático, o desafio é destruir e vomitar a serpente capaz de conduzir nossas vidas ao fascismo e, o que é ainda mais difícil, ajudar o outro, aquele que identificamos como fascista, a destruir e vomitar a sua serpente. Vomitar o fascismo ajuda também a desintoxicar da racionalidade neoliberal

10. Ainda o fascismo

Com Marcia Tiburi

Há quem ainda negue a existência de neofascismos, da mesma maneira como negam a superação do Estado Democrático de Direito. Para esses, o fascismo se resume ao fenômeno histórico italiano protagonizado por Mussolini. Outros sugerem, desconhecendo não só a carga simbólica do significante como também as pesquisas sobre a personalidade autoritária (que chegou, por exemplo, à chamada "Escala F", pensada para medir o "grau de fascismo" de uma sociedade) que ao apontar posturas fascistas de uma pessoa ou de um grupo, aquele que identifica os caracteres da personalidade fascista torna-se também fascista. Interessante imaginar Adorno, Lowenthal, Gutterman, Fromm, dentre outros, a serem chamados de "fascistas" por Mussolini, Hitler, Rocco e Himmler.

Além disso, não se pode esquecer aqueles que identificam toda manifestação autoritária como um ato fascista, nem os que acreditam estar imunes ao fascismo. Em resumo: muitos não compreendem o que é o fascismo, ou fazem questão de ignorar algumas facetas do fenômeno. E, por essa razão, muitas vezes desconsideram ou relativizam os riscos dos neofascismos cada vez mais naturalizados entre nós.

Não se pode perder de vista que o neoliberalismo aposta em uma revolução conservadora e, para tanto, conta com os fascistas. As políticas neoliberais apresentam-se como inovadoras, com suas reformas, mas visam, em última análise, a um retorno à "origem", à restauração de uma situação mais pura, sem os limites construídos e impostos ao longo da civilização. Neste paradoxo – uma subversão voltada à restauração – encontra-se o elemento que permite cooptar e tornar os neofascistas úteis para o projeto neoliberal.

O fascismo, hoje, adquiriu status de elemento de integração social e não se baseia somente na solidariedade afetiva daqueles que negam tanto o outro (fundados em preconceitos) quanto o conhecimento (num gesto de ódio anti-intelectualista), tem por base também a integração de estruturas mentais. Grupos inteiros partilham estruturas cognitivas e avaliativas que fornecem uma estranha sustentação para o comportamento e a ação.

Uma visão de mundo assentada em características tais como a crença no uso da força em detrimento do conhecimento e do diálogo, o ódio à inteligência e à diversidade cultural, a preocupação com a sexualidade alheia, autoriza a barbárie na micrologia do cotidiano.

Busca-se com práticas fascistas impor estruturas cognitivas e avaliativas idênticas para se fundar um consenso sobre o sentido do mundo. A tarefa é facilitada na medida em que o "consenso fascista" é funcional aos objetivos das grandes corporações econômicas. O mundo fascista é o mundo sobre o qual as pessoas com seus microfascismos se põem de acordo sem sabê-lo. Chavões são repetidos como verdades que garantem o lucro emocional do sujeito dos preconceitos: "bandido bom é bandido morto", "direitos humanos para humanos direitos", "homossexualidade é sem-vergonhice", "mulher que não se comporta merece ser estuprada", "porrada é o melhor método de educação", "escola sem partido" etc.

A uniformidade do pensamento que caracteriza o fascismo tem sua realização na linguagem estereotipada, mas também na ação estereotipada que é o consumismo. Consumismo das ideias prontas e consumismo das coisas. No contexto neoliberal em que a sociedade foi substituída pelo mercado, o mais engraçado é que aqueles que foram rebaixados a consumidores pelo sistema, deixando de lado o valor da cidadania que caracteriza o ser humano enquanto ser social, entregam-se ao consumismo esperando que a felicidade venha dele e só conseguem se tornar cada vez mais infelizes. Agindo assim, constroem um mundo do qual eles mesmos não gostam de viver.

É o fascismo que permite manifestações populares antidemocráticas, com todas as contradições inerentes, e outras posturas contrárias aos interesses concretos desses próprios portadores da personalidade fascista. Em outras palavras, há um aspecto psicológico, uma certa manipulação de mecanismos inconscientes, que faz com que a propaganda fascista não seja identificada nem como antidemocrática nem que seus objetivos latentes sejam percebidos.

Note-se que a retórica fascista é vazia, não apresenta ideias ou argumentos, mostra-se alheia a qualquer limite ou reflexão. Ao contrário, os ideólogos fascistas (parlamentares, juízes, jornalistas) se caracterizam por falarem por clichês. Poucos percebem suas contradições. Se lembrarmos de frases tais como "pelo direito de não ter direitos" que já apareceram em cartazes de manifestações populares teremos um exemplo de contradição explícita totalmente fascista enquanto suprassumo da barbárie autorizada.

Mas nem sempre o fascismo se faz de frases feitas. Às vezes ele é mais bem disfarçado. No Brasil, por exemplo, a "luta contra a corrupção" que em um primeiro momento parece uma luta pela honestidade, tornou-se cortina de fumaça que leva à uma corrupção mais grave, a do sistema de direitos e garantias. Nessa linha é que, em nome dos "interesses do Brasil", se destroem os setores produtivos brasileiros e entregam-se nossos recursos aos conglomerados internacionais.

Não é incomum que fascistas usem a "moralidade" como tapume para seus verdadeiros interesses. Distanciados da técnica, afirmando barbaridades tais como "convicções" no lugar de provas (lembre-se dos que ficaram famosos por meio desses absurdos), ou deixando claro que as formas processuais, que historicamente serviram à redução do arbítrio e da opressão estatal, devem agora ser afastadas para permitir mais condenações, os fascistas ganham espaço reduzindo a complexidade dos fenômenos. Assim propõem raciocínios absurdos como se fossem os melhores. Bradam, por exemplo, que "vamos deixar de investir em pesquisa para comprar armamentos", num evidente combate ao conhecimento, que deve parecer desnecessário ou não urgente, quando, na verdade, acoberta-se o perigo que sentem e o ódio que se tem dele.

Bom lembrar que o ódio é um afeto compensatório. Odeia-se aquilo que não se pode ter ou aquilo que afeta, que faz sentir mal, aquilo que humilha, mas para o fascista de um modo projetivo. Por fim, não se pode deixar de lembrar que os fascistas, de ontem e de hoje, se especializam em discursos pseudoemocionais: "faço isso em nome dos brasileirinhos", "em nome do meu filho, de Deus", como se viu na escandalosa votação do impeachment de Dilma Rousseff, em 17 de abril de 2016.

Fato é que a fala do fascista é direcionada à audiência, mas ao que há de autoritário nela. Estimula-se, por meio das palavras, o que pode haver de arcaico e o violento em cada um. Daí também a glorificação da ação e a demonização da reflexão. O fascista age em nome da realização do desejo da audiência enquanto, ao mesmo tempo, o manipula. O discurso fascista é, sobretudo, um discurso publicitário que visa um receptor despreparado e embrutecido. É assim, longe do pensamento capaz de duvidar e perguntar, que o fascista-receptor passa a desejar aquilo que a propaganda fascista o faz desejar, passa a acreditar naquilo que a propaganda fascista afirma ser verdade.

Pense-se, por exemplo, na facilidade com que um juiz viola as normas constitucionais se consegue manipular a opinião pública (e, se para tanto, conta com o apoio de conglomerados econômicos que exploram os meios de comunicação de massa) com a certeza de que os tribunais superiores, na busca de aplausos da população, não ousam julgar em sentido contrário à opinião pública, nesse caso, tem-se um auditório manipulado.

Como percebeu Theodor Adorno, a ação fascista tem natureza intrinsecamente não teórica, desconhece limites (percebe-se, pois, como é adequada à racionalidade neoliberal), não dá espaço à reflexão, isso porque deve evitar qualquer formulação, em especial porque o fascista nunca pode ter consciência de que seus objetivos declarados nunca serão alcançados e que a propaganda fascista necessariamente faz dele um tolo. Seria insuportável, para ele, perceber isso. Pense-se nos trabalhadores que "bateram panela", e se negaram ao diálogo com um governo democraticamente eleito, e que agora, sem fazer barulho, assistem ao desmonte do sistema de direitos individuais, coletivos e difusos. Um fascista cala no lugar em que a personalidade democrática naturalmente se expressaria.

Não por acaso, tanto a propaganda fascista quanto o discurso do fascista vulgar são repletos de chavões e pensamentos prontos. Tudo deve ser permitido "no combate à corrupção" ou "na defesa da moral e dos bons costumes". Quem não se adapta à ordem fascista "vai para Cuba". O Brasil "não tem jeito" e "na época dos militares é que era bom".

Na atual quadra, ou se desvela e desconstrói o fascismo, ou não haverá mais espaço à construção de um mundo melhor.

11. Levar a segurança da sociedade (e a democracia) a sério

Até o momento, as tentativas de criar um projeto democrático de segurança pública no Brasil fracassaram. A ação estatal ampliou a violência, os direitos e garantias fundamentais passaram a ser tratados como obstáculos à eficiência do Estado e a população está a cada dia mais preocupada diante das notícias do aumento da criminalidade e da violência policial.

A construção de uma sociedade pacífica e a redução dos crimes são promessas constantes, mas as políticas públicas postas em ação, adequadas à pós-democracia, desconsideram os valores centrais à vida democrática. Valores, aliás, que os indivíduos foram levados a acreditar que são descartáveis. A racionalidade neoliberal aponta que os fins do mercado justificam os meios, por mais autoritários que sejam esses meios e mais egoístas que sejam os fins visados.

A partir da racionalidade neoliberal, a "segurança pública" tornou-se mais uma mercadoria a ser explorada. Interesses políticos e econômicos somados à tradição autoritária em que está inserida a sociedade brasileira (que acredita no uso da força como solução mágica) forjam políticas de segurança que violam direitos e garantias fundamentais. O medo da população é utilizado, sem pudor, para justificar arbítrios e gerar lucro.

Os gestores da segurança limitam-se a reproduzir estereótipos, comprar armamentos e propor a redução dos direitos da população. Aliás, em razão da racionalidade neoliberal, os indivíduos são levados a detestar todo governo e a desejar "gestores" (políticos que se apresentam como "gestores", como não políticos). No caso da segurança pública, não há planificação adequada, coordenação ou refinamento da análise das poucas informações produzidas sobre a criminalidade real, o que não permite compreender o contexto, a complexidade e a regularidade dos conflitos, indispensáveis à formulação de políticas públicas sérias capazes de modificar uma dada realidade.

Construir um modelo comprometido com os direitos fundamentais e o respeito às diferenças passa pelo abandono de ideias simplistas (como as baseadas no slogan "lei e ordem").

Torna-se necessária a emergência de um paradigma comprometido com a concretização dos direitos fundamentais de todos e a compreensão das situações problemáticas com o objetivo de permitir práticas mais inteligentes e menos violentas no trato dos conflitos. Sem compreender a classe, a intensidade e as características das situações problemáticas, seus vínculos com outras situações criminalizadas ou não, torna-se impossível formular uma política pública efetiva.

O direito à segurança adequada à democracia nunca é um fim em si mesmo, pois se relaciona com a garantia de um outro direito (por exemplo, o direito à vida). A construção ideológica que faz da "segurança" um direito desvinculado de outros direitos permite o surgimento de um mercado ávido por lançar uma enorme quantidade de produtos e serviços, muitos dos quais inúteis, a serem consumidos pelo setor público e também pelos cidadãos.

Uma política democrática de "segurança pública" voltada à sociedade deve superar a armadilha de acreditar em um "direito à segurança" em oposição aos direitos fundamentais. Um modelo democrático deve ser direcionado à segurança dos direitos de todos e não a um abstrato "direito à segurança" de uma parcela da sociedade à custa da dignidade da pessoa humana e dos direitos e garantias fundamentais dos demais.

12. A nova obscuridade

Em 1985, Jürgen Habermas publicou na Alemanha um livro intitulado *A Nova Obscuridade – pequenos artigos políticos V*. Dentro do projeto de enfrentamento político e teórico das ameaças à democracia, o autor procurou refletir sobre as tensões e os problemas de um período marcado por uma crise do Estado Social, permanências de um passado autoritário, políticas de rearmamento e repressões policiais a manifestações e protestos públicos. Todos esses sintomas do que Habermas chamou de "nova obscuridade" estão presentes e potencializados no Brasil de hoje.

Aqui o quadro é bem mais grave. Nunca chegamos a construir um verdadeiro Estado de Bem-Estar Social e, hoje, vivemos um momento de profunda regressão social, política e ética. O sistema de proteção dos direitos individuais e sociais foi extremamente fragilizado a partir da crença de que não podem existir limites intransponíveis ao lucro de uns poucos e à acumulação do capital pelos detentores do poder econômico. Instalou-se um Estado conservador voltado à realização dos desejos dos super-ricos.

Os direitos e garantias fundamentais passaram a ser tratados como objetos negociáveis e, portanto, descartáveis. O poder político voltou a se identificar sem pudor com o poder econômico, desaparecendo as mediações que caracterizavam o Estado Moderno. Os valores democráticos perderam importância ao mesmo tempo que o egoísmo foi elevado à virtude.

A aliança entre o neoliberalismo e o neoconservadorismo, responsável pela nova obscuridade, faz com que alguns analistas passem a identificar uma espécie de "revolução conservadora" em curso. Essa aliança pretende integrar a partir da racionalidade neoliberal, que faz com que tudo e todos sejam tratados como objetos negociáveis, o projeto de um mercado sem limites e o controle social através da moralização e da repressão estatal da população. No Brasil, essa aliança produziu, por exemplo, o impeachment da presidenta Dilma Rousseff.

Nessa tentativa de síntese entre os interesses do mercado e a necessidade de compensar os efeitos socialmente destrutivos do neoliberalismo com promessas de ordem, tenta-se criar um imaginário no qual seja compatível a expansão capitalista das grandes corporações econômicas e a priorização do capital financeiro (capital improdutivo) com uma sociedade estável e segura, de pequenos proprietários independentes e responsáveis pelos seus bens, em uma espécie de retrotopia (mistificação tola de um passado seletivamente reconstruído). Para tanto, o "mercado" é apresentado como um modo de existência fundamental, como uma realidade natural e inescapável, enquanto os direitos e garantias fundamentais, os valores democráticos e o projeto de liberdade, igualdade e fraternidade passam a ser vistos como óbices transponíveis tanto à realização dos fins do mercado quanto à eficácia repressiva do Estado.

A nova obscuridade é, em resumo, a antítese da democracia.

A racionalidade neoliberal está na base do que chamei de Estado Pós-Democrático, forma jurídica em que desaparecem os limites rígidos ao exercício do poder econômico. Com o empobrecimento subjetivo e a mutação do simbólico produzidos pela razão neoliberal, os valores democráticos (como, por exemplo, a "liberdade" e a "verdade") passaram a ser desconsiderados. Basta pensar na aceitação, em parcela da população, de linchamentos, prisões ilegais ou notícias falsas (*fake news*) que passam a produzir efeitos de verdade.

Correlato ao enfraquecimento do projeto da modernidade, deu-se a adesão a uma lógica pautada por meios linguisticamente empobrecidos ("dinheiro" e "poder"), mas adequados ao projeto de Estado desejado pelos grupos, partidos e movimentos de "direita".

Não se pode esquecer que o neoliberalismo é um modo de ver e atuar no mundo que se mostra adequado a qualquer ideologia conservadora e tradicional. O projeto neoliberal é apresentado e vendido como uma política de inovação, de modernização, quando não de ruptura com práticas antigas. A propaganda neoliberal, de fórmulas mágicas e revolucionárias, torna-se no imaginário da população a nova referência de transformação e progresso. O neoliberalismo, porém, propõe mudanças com a finalidade de restaurar uma "situação original" e mais "pura", onde o capital possa circular e ser acumulado sem limites.

Os movimentos neoconservadores, que sustentam as teses que levam à nova obscuridade, aparecem como fundamentais ao projeto neoliberal porque se torna necessário "compensar" os efeitos perversos (e desestruturantes) do neoliberalismo através de uma retórica excludente, moralista e aporofóbica, bem como de práticas autoritárias de controle da população indesejada.

Diante dessa tendência da "direita" à nova obscuridade e, em consequência, à destruição dos valores democráticos, poderíamos pensar que as forças progressistas (partidos e movimentos de "esquerda") estariam unidas em defesa do que restou da democracia no Brasil. Mas isso ainda não se deu.

Com uma retórica sectária e moralista (nesse sentido, muito próxima da encontrada nos adversários da direita), parcela dos partidos e movimentos de esquerda preferiram reafirmar narcisicamente as pequenas diferenças e os projetos pessoais ou partidários de poder, ao invés de unir forças para atuar concretamente em defesa da democracia. Mesmo diante do crescimento do pensamento autoritário e das ameaças concretas aos direitos fundamentais, esses coletivos de "esquerda" preferiram o isolamento e apostaram na fragmentação das forças progressistas, na crença de que assim cresceriam de importância no jogo político.

Ao se fecharem para o diálogo com outros partidos do mesmo campo, não admitindo sequer receber apoio de outras forças políticas de esquerda, esses partidos e movimentos ajudam na consolidação da nova obscuridade. Ao reafirmarem diferenças, resgatarem ressentimentos e repetirem o discurso do "monopólio da pureza" (que também estava presente na infância do Partido dos Trabalhadores), esses grupos aproximam-se mais das experiências totalitárias (desnecessário lembrar dos grupos de extrema direita que pretendiam purificar a sociedade ao mesmo tempo que utilizavam o significante "corrupção" para destruir os inimigos políticos e a democracia) do que de um projeto libertador. Os recentes aplausos de lideranças dessa esquerda moralista e sectária a posturas autoritárias, contrárias à legalidade democrática, e à neutralização do direito – e do sistema de garantia corporificado no rol de direitos e garantias fundamentais – pela moral são muito significativos e preocupantes.

No campo da "direita", os diferentes grupos de poder (os partidos políticos, os agentes conservadores entranhados nos poderes do Estado, as grandes corporações econômicas, dentre outros) que unidos conseguiram a queda do Governo Dilma, apresentam fortes contradições, em especial porque cada um desses grupos de poder não deixou de conspirar contra os demais em favor de seus próprios interesses, pretendendo crescer sem ceder espaço, poder ou status.

A "direita", a partir de uma racionalidade comunicativa empobrecida que gira em torno dos significantes "dinheiro" e "poder", reúne partes tão diferentes que não conseguem apresentar uma estrutura estável, um projeto político coerente ou parir um candidato competitivo para as próximas eleições presidenciais (o que faz aumentar as apostas de que as eleições podem não ocorrer).

A nova obscuridade brasileira (que se apresenta na aproximação entre o poder político e o poder econômico, no desaparecimento dos limites ao exercício do poder, no crescimento do pensamento autoritário, nas tentativas de controle ideológico de professores e funcionários públicos, no desmantelamento da rede de proteção trabalhista, no controle e a manipulação da informação pelos meios de comunicação de massa, na divulgação de notícias falsas e a demonização dos inimigos políticos, na destruição de determinados setores da economia nacional, no desmantelamento dos instrumentos para uma política econômica soberana, na substituição da política pela religião e na intervenção militar na segurança pública) expressa bem essa pluralidade de interesses da "direita".

Felizmente, a ausência de uma estrutura coerente, os interesses antagônicos e as contradições que envolvem os grupos de poder da "direita", uma vez compreendidos, revelam a possibilidade de superação, resistência e reação à ofensiva antidemocrática e ao movimento neo-obscurantista. A briga por poder e status não vai acabar, isso porque os interesses divergentes dos detentores do poder econômico, que hoje também exercem o poder político, são muitos.

Há um claro limite para a propaganda e a violência, que foram os principais meios utilizados para sustentar propostas antidemocráticas e justificar o afastamento dos valores da modernidade e da democracia. A propaganda, porém, não é capaz de melhorar as condições políticas e sociais. A violência, por sua vez, gera mais violência, ressentimento e ódio.

A aliança entre o neoliberalismo e o neoconservadorismo apresenta limitações evidentes. Embora os atores sociais neoconservadores procurem compensar os efeitos sociais típicos (e antipopulares) do projeto neoliberal com uma retórica moralizante e discriminadora somada à defesa de práticas autoritárias e repressivas adequadas à tradição brasileira, o poder de distorcer a realidade e enganar a população, construindo artificialmente a imagem de que o "mercado" e os lucros absurdos das instituições financeiras são uma realidade natural e compatíveis com a nostalgia de uma sociedade estável e "pura", não dura para sempre.

Está aberto um campo de disputa. É preciso superar ações políticas e formações culturais fundadas no ódio, na mentira e na ignorância. Seria importante contar com todos aqueles dispostos a superar a racionalidade neoliberal, resgatar os valores democráticos e defender a modernidade cultural. Não é o momento para o narcisismo das pequenas diferenças. É hora de fraternidade, não de egoísmo, de reconstrução da democracia, não de ficar preocupado com interesses menores.

A democracia é uma experimentação do comum. Deve-se, para construir esse comum, desvelar a artificialidade do mercado e os interesses das oligarquias, ao mesmo tempo que se busca a coordenação das lutas tanto no nível local quanto no nível nacional, sem esquecer a necessidade de se criar também um bloco democrático internacional. Contra a nova obscuridade, a radicalização da defesa da democracia. E isso exige efetiva participação popular na tomada das decisões políticas, eleições livres e o respeito incondicional aos direitos e garantias fundamentais, que são exteriorizações do comum e, portanto, inegociáveis.

13. Há esperança

Não basta denunciar as distorções de uma sociedade sem limites, na qual um indivíduo encara o outro como concorrente a ser derrotado ou inimigo que deve ser destruído. Impõe-se, em primeiro lugar, construir uma narrativa alternativa (e atrativa) àquela que sustenta ser o mercado o melhor modelo para as relações sociais e a maximização dos ganhos o objetivo a ser alcançado pelos indivíduos. As pessoas devem ser convencidas de que há possibilidade de construir uma sociedade melhor do que essa que se apresenta. Uma narrativa que se afaste do utilitarismo egoísta e repense as correlatas categorias "interesse" e "utilidade". O interesse próprio, entendido como o desejo de enriquecer, não pode mais ser o guia que condiciona o agir e o pensar de cada um.

Isso significa pensar em um novo fundamento normativo para a humanidade, que reconheça a necessidade de se preservarem interesses diversos, bem como a existência de bens e interesses inegociáveis. Se o capitalismo, em especial com a configuração dada pela racionalidade neoliberal, fez do interesse pelo dinheiro e do desejo de ganhos materiais sem limites os principais interesses do homem, o desafio é demonstrar a cada pessoa que a qualidade de vida em uma sociedade na qual esse interesse material deixasse de ser o dominante seria muito melhor.

Deve-se retirar o véu que impede a compreensão de que as pessoas fazem a sua própria história. O caos em que a sociedade está inserida é o resultado de um processo histórico que só foi possível a partir do "sucesso" do capitalismo. O processo vital de uma sociedade deve ser compreendido não como o resultado da "mão-invisível do mercado", mas como um processo de produção material conduzido por homens e mulheres livremente associados, com acesso à informação, e conscientemente regulado por eles. Uma sociedade melhor, como se vê, exige trabalho.

Aliás, a categoria "trabalho" também precisa ser ressimbolizada e valorizada. Trata-se do fator que faz a mediação entre cada pessoa e a natureza. Ao contrário do movimento produzido pela racionalidade neoliberal que leva à desvalorização cada vez maior do trabalho (como se percebe da opção política pelo capital improdutivo), há no trabalho um valor e uma dignidade inegociável. O trabalho é a expressão da vida humana e através dele se altera a relação do homem com a natureza e, por isso, através do trabalho o homem transforma-se a si mesmo. Revalorizar o trabalho é condição de possibilidade para cada um transformar a si mesmo e, em seguida, revolucionar a sociedade.

Todavia, não basta construir uma nova narrativa, faz-se necessário entender as razões que levaram a racionalidade neoliberal a assumir uma posição hegemônica na produção de subjetividades e a condicionar o modo de ver e atuar das pessoas no mundo da vida. Mas não só. É fundamental entender as causas que levaram ao desencanto com o imaginário democrático e ilustrado, segundo o qual os direitos e garantias fundamentais deveriam ser respeitados e as pessoas não poderiam mais ser instrumentalizadas. O que faz com que as pessoas aceitem passivamente ter seus direitos flexibilizados ou eliminados? O que explica que pessoas naturalizem (e até desejem) o fato de outras pessoas serem tratadas como objetos? Por que pessoas aceitam viver em uma sociedade sem limites em que tudo e todos são considerados negociáveis?

O objetivo deste livro era fazer o leitor refletir sobre essas questões (que, por evidente, não encontram respostas prontas e acabadas, mas soluções a serem construídas coletivamente a partir da conscientização da sociedade) e demonstrar que ainda existe uma faísca viva no projeto democrático e na visão de uma sociedade que se caracterize pela solidariedade mais do que pelo egoísmo. Contra o egoísmo há espaço para a construção de um "comum" que justifique viver em sociedade. Me parece que temos motivo para apostar em um outro mundo radicalmente distinto daquele que presenciou o devir econômico do homem e a transformação da sociedade em um grande mercado em que tudo é negociável.

Em um mundo em que evidentemente as coisas parecem fora do lugar, não há como deixar de reconhecer a função ideológica do discurso que nega as perspectivas utópicas. Este livro parte da perspectiva de que "revolução" é uma palavra que ainda pode ser usada e não só significa uma possibilidade, como se revela necessária à manutenção da vida na Terra. O caos social, que torna a barbárie tão próxima da realidade de cada um, está a indicar que se deve lutar por transformações sociais da ordem existente, transformações revolucionárias da sociedade.

Mas, qualquer projeto revolucionário não pode ser construído no século XXI a partir das mesmas bases dos projetos revolucionários do século XIX. Não se está mais na primeira fase da industrialização, contexto em que Marx pensava a revolução. Aliás, revolucionários liberais e socialistas dos séculos que nos antecederam não imaginavam o que nós seríamos capazes de fazer com o Estado, a sociedade e o indivíduo.

Hoje, em que pese grande parcela da população mundial estar anestesiada e sem qualquer capacidade reflexiva, muito em razão dos meios de comunicação de massa e da indústria cultural, percebe-se um paradoxo entre uma crescente indignação com os efeitos concretos da racionalidade neoliberal e a ausência de qualquer orientação para o futuro. Mesmo quem consegue perceber os riscos à humanidade da racionalidade neoliberal, não consegue romper a força da inércia, não age de forma eficaz para converter essa indignação em uma prática transformadora. Falta sensibilidade histórica e a perspectiva de que se pode mudar o mundo.

O desaparecimento dessa potencialidade transformadora é um efeito facilmente perceptível da ideologia neoliberal. A tese ridícula do "fim da história" foi mais internalizada pelas pessoas do que gostaríamos de admitir. Resgatar as energias utópicas passa, então, por afastar a neblina ideológica. Para tanto, é necessário entender o funcionamento ideológico do neoliberalismo. O neoliberalismo, mais do que uma teoria econômica é um modo de ver o mundo, uma ideologia. A disputa, então, é pelo imaginário tanto quanto pelos meios de produção. Importante voltar a estudar a ideologia e a instituição imaginária da sociedade, categorias abordadas por Karl Marx e Cornelius Castoriadis, teóricos cuja racionalidade neoliberal procura manter afastados das pessoas que poderiam fazer um uso libertário desse conhecimento.

Ao lado da "ideologia", impõe-se resgatar e desenvolver estudos sobre a luta de classes e a importância do conflito à transformação social. A racionalidade neoliberal sempre preferiu consensos, ainda que artificiais, ao conflito. Tratava-se de defender a resolução dos antagonismos políticos da mesma forma como se celebram negócios comerciais, o que, em regra, favorecia aos detentores do poder econômico. Não por acaso, o sucesso da teoria despolitizante de Habermas que envolve do agir comunicativo à concepção (já abandonada pelo próprio autor) da verdade como consenso.

Mas não há uma oposição necessária entre o valor "democracia" e o fenômeno "conflito". Em uma sociedade de classes, marcada por profunda desigualdade, o verdadeiro consenso, aquele que não pode ser equiparado a uma operação financeira, é uma quimera. Não se pode esquecer que a razão neoliberal, ao estimular a falta de limites, o egoísmo e o desejo de enriquecer, dificulta extremamente a formação de verdadeiros consensos. No Brasil, uma sociedade marcada por fortes desigualdades sociais e construída a partir da crença de que pessoas podem ser descartadas, como suspender os constrangimentos sociais e, assim, alcançar o consenso?

HÁ ESPERANÇA

O mundo da vida já demonstrou que há muito de ingenuidade (por vezes, ignorância e, em determinados casos, má-fé) no apreço pela razão humana e na crença de que sempre é possível construir circunstâncias adequadas que permitam o nascimento de consensos acerca da superação de dilemas morais ou da fundamentação das normas que regem a vida em comum.

Ademais, o consenso não se identifica com a verdade. Ao contrário, em muitas ocasiões o "consenso" é utilizado para substituir a verdade. Assim, por exemplo, se há consenso entre julgadores no sentido de condenar uma pessoa, isso não exclui a possibilidade desse condenado ser inocente. No Estado Democrático de Direito, o consenso também não autoriza o afastamento de conquistas civilizatórias consagradas nos textos constitucionais (direitos e garantias fundamentais): existem matérias que, mesmo sendo objeto de eventuais "consensos" (e, com a ajuda dos meios de comunicação de massa, consensos podem ser facilmente fabricados), não podem ser alteradas.

Se é verdade que a exacerbação dos conflitos inviabiliza a vida em comum, ou mesmo a identificação de um "comum" que justifique a vida em sociedade, não há como descartar a existência de vários conflitos de interesse nas sociedades. Determinados fenômenos só podem ser explicados a partir do conceito de "luta de classes" e da constatação de que alguns conflitos são necessários em nome da democracia.

Como já ficou claro, sempre na perspectiva de se criar uma alternativa ao neoliberalismo, não se pode abrir mão da tradição filosófica iniciada por Karl Marx e Friedrich Engels, tão demonizada pelos neoliberais, justamente por seu projeto filosófico de unir teoria e prática. Como não se pode esquecer de John Maynard Keynes, que também anda esquecido pelos "cientistas" econômicos que procuram apresentar o neoliberalismo como a consequência necessária de um cálculo matemático. Da mesma forma, os autores que estudaram o fascismo e a personalidade autoritária precisam ser resgatados (Adorno, Fromm, Neumann etc.), bem como novos estudos sobre esses temas precisam sem produzidos.

Mas, cuidado. Superar a racionalidade neoliberal exige não se deixar seduzir por autores aparentemente críticos, mas cujas teorias são utilizadas para deixar as coisas como estão. Também é importante identificar versões distorcidas de teses que podem ser úteis à formulação de uma narrativa diversa daquela que a racionalidade neoliberal produz. Em todo mundo, e não é de hoje, teses, movimentos e atores sociais com potencial transformador sofrem o risco de serem cooptados para serem vendidos em versões adocicadas e adequadas à racionalidade neoliberal. Pense-se nos militantes dos movimentos operário, negro, feminista e LGBT que não souberam resistir à racionalidade neoliberal. Enquanto algumas dessas pessoas são celebradas nas capas de revistas que defendem os interesses dos detentores do poder econômico, os que não se deixam iludir, pela tentação de ocupar o lugar historicamente destinado ao opressor, correm o risco de serem mortos, como aconteceu com Malcolm X, Martin Luther King, Jr. ou Marielle Franco. Importante sempre lembrar que os indesejáveis aos detentores do poder econômico tendem a ser presos ou eliminados, sempre que não for possível cooptá-los.

A sensibilidade histórica deve ser reconstruída. Não se pode entender o neoliberalismo como poder simbólico em uma era dessimbolizada, e nem o *nomos* econômico, com a abstração das coordenadas históricas dentro das quais nasceram e se desenvolveram tanto o neoliberalismo quanto os projetos alternativos ao capitalismo. Sem a compreensão histórica, não há interação possível entre sujeito e objeto, sem história não há dialética (nem a compreensão de que inexistem sujeitos à margem das relações sociais) ou possibilidade de transformação da sociedade.

A racionalidade neoliberal será superada com a ressignificação do mundo da vida. É preciso resgatar Kant e a centralidade da pessoa humana. Aderir à luta das feministas seccionais contra todas as formas de opressão (gênero, raça, classe, plasticidades etc.). Reafirmar que existem coisas inegociáveis. Optar pelo profano no trato da coisa pública. Revalorizar a política como o principal caminho para a salvação da sociedade. Voltar a sentir que o direito concreto de uma pessoa vale mais do que a segurança de um ente abstrato. A liberdade individual deve se afastar da perspectiva egoísta para não mais prosperar às custas, mas sim com a ajuda da solidariedade.

As contradições produzidas pelo egoísmo que direciona as políticas neoliberais também devem ser exploradas à desconstrução da racionalidade neoliberal. Assim, por exemplo, a ordem simbólica que os neoconservadores defendem (por ser moralizante, racista, nacionalista e identitária) é incompatível tanto com a destruição dos liames sociais produzida pela razão neoliberal quanto com a legitimação absolutista da acumulação do capital.

É necessário, ainda, atualizar as teorias e as explicações do mundo para permitir que elas perfurem a consciência cotidiana reificante. Pessoas não podem continuar a ser tratadas como coisas diante de uma plateia que a tudo assiste e que, por vezes, chega a aplaudir o arbítrio e a violação de direitos. A sociedade, percebida como uma reunião de pessoas concretas e não mais como uma abstração, deve se reconciliar com os limites democráticos que permitem fazer dela um verdadeiro agrupamento social, no sentido pleno da palavra, ou seja, uma sociedade em que a cada um é permitido satisfazer as necessidades físicas, espirituais e emocionais com respeito às diferenças, bem como ter condições de alcançar a independência econômica e a autodeterminação política ao lado de todos os outros, que deverão ser percebidos como parceiros de caminhada e de sonhos.

Referências bibliográficas

ABRAMOVAY, Pedro; BATISTA, Vera Malaguti (orgs.). *Depois do grande encarceramento*. Rio de Janeiro: Revan, 2010.

ADORNO, Theodor W. *Crítica de la cultura y sociedad II: intervenciones, entradas, Obra completa 10/2*. Trad. Jorge Navarro Pérez. Madri: Ediciones Akal, 2009a.

_____. *Escritos sociológicos II, v. 1, Obra completa, 9/1*. Madri: Ediciones Akal, 2009b.

BENSAÏD, Daniel. *Os irredutíveis: teoremas de resistência para o tempo presente*. São Paulo: Boitempo, 2008.

BERGOUNIOUX, Pierre. *La Fin du monde en avançant*. Montpellier: Fata Morgana, 2006.

CASARA, Rubens R R. *Estado Pós-Democrático: neo--obscurantismo e gestão dos indesejáveis*. Rio de Janeiro: Civilização Brasileira, 2017.

_____. *Processo penal do espetáculo*. Rio de Janeiro: Tirant Lo Blanc, 2018.

CERQUEIRA FILHO, Gisálio. *Édipo e excesso: reflexão sobre lei e política*. Porto Alegre: Safe, 2002.

DARDOT, Pierre; LAVAL, Christian. *A nova razão do mundo: ensaio sobre a sociedade neoliberal.* Trad. Mariana Echalar. São Paulo: Boitempo, 2016.

DIDIER-WEILL, Alain. *Os três tempos da lei: o mandamento siderante, a injunção do supereu e a invocação musical.* Trad. Ana Maria de Alencar. Rio de Janeiro: Jorge Zahar, 1997.

DOWBOR, Ladislau. *A era do capital improdutivo.* São Paulo: Autonomia Literária, 2017.

DUFOUR, Dany-Robert. *A arte de reduzir cabeças: sobre a nova servidão na sociedade ultraliberal.* Rio de Janeiro: Companhia de Freud, 2005.

_____. *O divino mercado: a revolução cultural liberal.* Rio de Janeiro: Companhia de Freud, 2016.

FERRAJOLI, Luigi. *Poderes salvajes: la crisis de la democracia constitucional.* Madri: Editorial Trotta, 2011.

FREUD, Sigmund. *A interpretação dos sonhos.* Rio de Janeiro: Imago, 2001.

GAUCHET, Marcel. *La Démocratie contre elle-même.* Paris: Gallimard, 2002.

GUERRA FILHO, Willis Santiago. *Sobre a origem metapsicológica da ordem jurídica.* São Paulo: mimeo, 2009.

HABERMAS, Jürgen. *A ética da discussão e a questão da verdade.* São Paulo: Martins Fontes, 2004.

_____. *A Nova Obscuridade – pequenos artigos políticos* V. São Paulo: Unesp, 2005.

HAN, Byung-Chul. *Psicopolítica.* Lisboa: Relogio D'Água, 2015.

REFERÊNCIAS BIBLIOGRÁFICAS

JORGE, Marco Antonio Coutinho; FERREIRA, Nádia Paulo. *Lacan, o grande freudiano*. Rio de Janeiro: Zahar: 2009.

KEYNES, John Maynard. *The Collected Writings of John Maynard Keynes*. V. VIII. Londres: Macmillan, 1973.

KEHL, Maria Rita (org.). *Função fraterna*. Rio de Janeiro: Relume Dumará, 2000.

LACAN, Jacques. *Le séminaire XIV, La Logique du fantasme*. Aula 10 de maio de 1967. Paris: mimeo, [s.d]a.

_____. *R.S.I.: Le seminaire 1974/1975*. Aula de 10 de dezembro de 1974. Paris: mimeo, [s.d.]b.

_____. O seminário, livro 17: *O avesso da psicanálise*. Trad. Ari Roitman. Rio de Janeiro: Jorge Zahar, 1991.

_____. *Escritos*. Trad. Vera Ribeiro. Rio de Janeiro: Jorge Zahar, 1998.

_____. *Seminário, livro 7: a ética da psicanálise*. Trad. Antonio Quinet. Rio de Janeiro: Jorge Zahar, 2008.

LAVAL, Christian. *L'Homme économique*. Essai sur les racines du néolibéralisme. Paris: Gallimard, 2007.

_____. *Foucault, Bordieu et la question néoliberale*. Paris: La Découverte, 2018.

LEBRUN, Jean-Pierre. *Um mundo sem limites*. Rio de Janeiro: Companhia de Freud, 1997.

_____. *A perversão comum: viver junto sem outro*. Rio de Janeiro: Campo Matêmico, 2008a.

_____. *O futuro do ódio*. Porto Alegre: CMC, 2008b.

_____. *O mal-estar na subjetivação*. Porto Alegre: CMC, 2010.

MARX, KARL. *O capital: crítica da economia política, livro I*. São Paulo: Boitempo, 2013.

MAURANO, Denise. *A face oculta do amor:* a tragédia à luz da psicanálise. Rio de Janeiro/Juiz de Fora: Imago/ Editora UFJF, 2001.

MELMAN, Charles. *A neurose obsessiva*. Trad. Inesita Machado. Rio de Janeiro: Companhia de Freud, 2004a.

_____. *O homem sem gravidade: gozar a qualquer preço*. Entrevistas de Jean-Pierre Lebrun. Rio de Janeiro: Companhia de Freud, 2004b.

MOINGT, Joseph *et al*. *Littoral: do pai*. Rio de Janeiro: Campo Matêmico, 2002.

NASIO, Juan-David. *Édipo:* o complexo do qual nenhuma criança escapa. Trad. André Telles. Rio de Janeiro: Zahar, 2007.

NEUMANN, Franz L. *Behemoth: the Structure and Practice of National Socialism, 1933-1944*. Chicago: Ivan R. Dee, 2009.

ROGOZINSKI, Jacob. *Le Don de la loi, Kant et le'énigme de l'éthique*. Paris: PUF, 1999.

ROUDINESCO, Elisabeth; PLON, Michael. *Dicionário de psicanálise*. Trad. Vera Ribeiro e Lucy Magalhães. Rio de Janeiro: Jorge Zahar, 1998.

SÉNAT. "Délinquance Des Mineurs: la République en quête de respect (rapport de la commission d'enquête sur la délinquance des mineurs)". 26/6/2002. Disponível em: <www.senat.fr/rap/r01-340-1/r01-340-10.html>. Acesso em 13 set. 2018.

REFERÊNCIAS BIBLIOGRÁFICAS

SOUZA, Jessé. *A elite do atraso*. Rio de Janeiro: Leya, 2017.
TIBURI, Marcia. *Olho de vidro: a televisão e o estado de exceção da imagem*. Rio de Janeiro: Record, 2011.
YAROCHEWSKY, Leonardo Isaac. *Direito Penal em tempos sombrios*. Florianópolis: Empório do Direito, 2016.

*A primeira edição deste livro foi impressa em
2018, ano em que a vereadora Marielle Franco –
mulher negra, mãe, pertencente à comunidade LGBTQ,
nascida na Favela da Maré, militante de movimentos
sociais e direitos humanos – foi sumariamente assassi-
nada, antes que se completasse um mês da intervenção
federal militar no Rio de Janeiro.*

*O texto foi composto em Minion Pro, corpo 11/16.
A impressão se deu sobre papel off-white
pelo Sistema Cameron da Divisão Gráfica da
Distribuidora Record.*